충북대학교 교양 교재

한자와 한문

한자와 한문 교재 편찬위원회

충북대학교 출판부

목 차

Ⅰ. 漢字와 漢文

1. 漢字의 起源

언어를 기호로 표시한 것이 문자이다. 그러나 인류가 문자를 갖기 이전에도 어떤 일을 오래 기억할 수 있도록 하기 위한 방법이 있었으니 結繩과 書契가 그 대표적인 예이다.

結繩이란 여러 가지 색깔의 끈이나 새끼 등을 맺음으로써 그 색깔과 모양, 수효 또는 매듭 간의 거리 등을 이용하여 일정한 事象이나 概念을 표시하는 방법이다. 書契란 대나무, 나무 등에 일정한 刻劃을 새겨서 어떤 수를 표시하거나 약정한 사실을 확인하던 것이다. 그러나 어디까지나 이들은 문자 이전 단계의 備忘的 방편으로서 문자를 쓰는 濫觴이었다고 할 수 있다.

우리가 알고 있는 대부분의 문자는 그 기원을 초기의 繪畵에 두고 있다. 오늘날 초기의 회화가 어떤 과정을 거쳐서 문자로 발전하였는가에 대해서는 명확히 알기 어렵다. 그러나 대체로 繪畵 → 繪畵文字 → 象形文字의 과정을 거쳐서 오늘날의 한자가 이루어졌을 것이라고 생각하고 있다.

漢字의 創製에 대해서는 紀元前 2,800년 경에 창힐의 史官 蒼頡이 黃河邊의 새발자국을 보고서 漢字를 처음 만들었다고 하는 蒼頡의 造字說이 戰國時代의 著作에서부터 광범위하게 전승되고 있다. 그러나 창힐이 실존하였던 인물이라고 확정하기도 어려우며, 그가 실존 인물이라고 하더라도 한 개인의 독창으로 한자의 창제가 가능하였으리라고 보기는 어렵다.

『荀子』〈解蔽〉편에 '문자를 좋아한 이는 많았지만 오직 창힐이 그 이름이 전하는 것은 그가 전일한 까닭이다.(好書者衆矣 而蒼頡獨傳者壹也)'라고 하여 '문자를 좋아한 이'라 하였을 뿐 문자를 만들었다는 표현을 쓰지 아니하였으며, 창힐 등 한두 사람만을 지칭하지 않고 문자를 좋아한 이가 '많았다'고 한 것으로 보아 창힐은 다만 한자가 창제되던 시대를 대표하는 인물로 볼 수 있다.

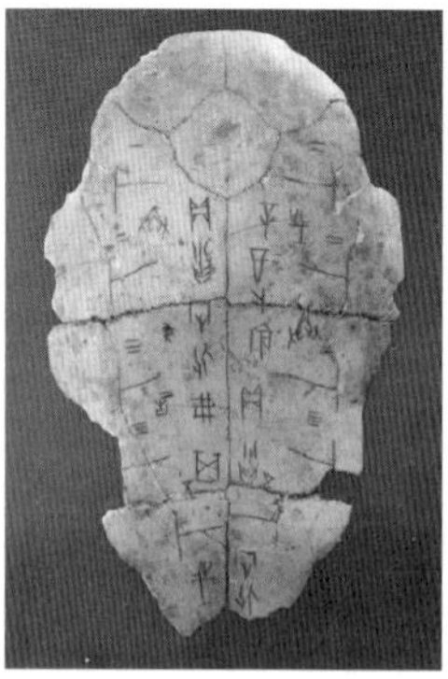

중국의 傳說시대인 上古時代에는 黃帝, 顓頊, 帝嚳, 堯, 舜 등 다섯 왕이 있었고, 그 다음을 이어 禹임금이 B.C. 2200년경 夏를 세우면서 왕조가 처음 시작되어 약 500년 간 지속되었다. 두 번째 왕조인 殷은 湯임금이 세운 국가로 많은 문명이 殷墟, 즉 殷의 遺墟에서 발견되었다. 지금으로부터 약 3,500여년 전에 기록된 甲骨文字, 靑銅器문자가 이때 발견되었다.

이후 한자는 오랜 세월을 거치면서 많은 사람들에 의해 만들어지고 다듬어져 오늘날과 같은 모습을 갖추게 된 것이다. 최초의 문자인는 甲骨文字는 원래 '龜甲獸骨'을 줄여서 부르는 것으로, '甲'은 거북이 껍질이고, '骨'은 짐승들의 뼈, 뼈 중에 넓적한 어깨나, 허벅지 뼈에 글자를 새긴 것이다.

이것이 여러 시대를 거치는 동안 그 자체가 변형되고, 그 수가 증가되어 현재에 이르렀다. 초기에는 3천 자 정도이던 것이 漢나라 때에는 1만 자, 唐·宋 시대에는 3만 자, 청나라 때에는 4~5만 자를 헤아릴 정도로 불어났다.

2. 漢字의 構成要素

(1) 모양 - 形

한자가 각각 지니고 있는 자체의 글자 모양으로, 한자와 시각적으로 구분되는 요소이다. 이것은 두 부분 이상으로 나눌 수 있는 글자와 나눌 수 없는 글자가 있는데, 사물의 모양을 본뜬 그림이 차차 발전하여 글자가 된 상형자는 후자에 속하고, 그 밖의 것은 대체로 전자에 속한다.

한편, 한자의 모양은 갑골문자 · 周文(大篆) · 小篆 · 隸書 · 楷書 · 行書의 형태로 시대에 따라 변화되었다.

(2) 소리 - 音

한자를 읽는 음을 가리킨다. 한자도 1자 1음이 원칙이기는 하나, 우리의 한글과는 달리 어떤 한자는 1자 2음, 또는 1자 3음의 것도 있다.

(3) 뜻 - 義

한자의 뜻을 가리키는데, 한자의 뜻을 우리말로 새긴 것을 '訓'이라고도 한다. 문화가 발달하고 사회가 복잡해지면서 한자의 뜻도 차차 복잡하게 그 뜻이 갈라져 나가, 한자 하나에 뜻이 10여 가지가 있는 글자도 생겨났다.

3. 漢字의 六書

漢字는 表意體系의 문자이므로 그 글자의 모양을 분석하고 이해하면 한자 본래의 뜻을 이해하는데 도움이 된다. 그리고 한자의 구조에 관해서 전통적으로 六書의 說이 있는데 象形 · 指事 · 會意 · 形聲 · 轉注 · 假借가 그것이다.

(1) 象形

象形은 形을 본뜬다는 뜻이다. 물체의 윤곽을 따라 굴곡의 線을 이용하여 그 물체의 모양을 그려내는 것으로 '日, 月' 등이 그 예이다. 象形字는 원래 원시적 繪畵에서 출발하였으므로 처음에는 原事物의 모양과 비슷하였으나, 시간이 경과함에 따라 그 모양이 점차 간단해져서 마침내는 원사물과 거리가 멀어지고 현재의 글자 모양으로 정착된 것이다.

예)

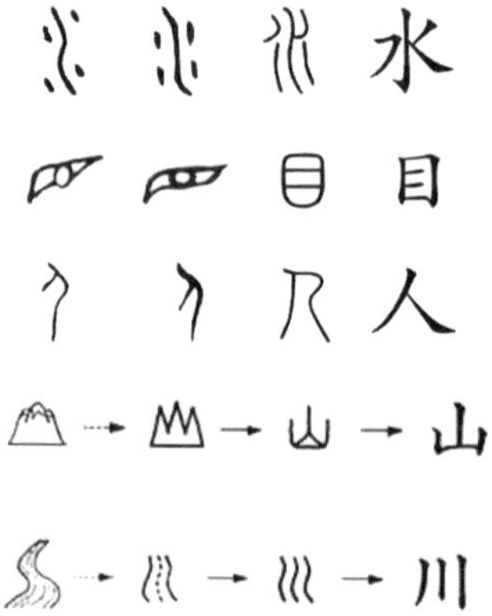

日·月·山·水·川·泉·雨·火·人·女·耳·目·口·手·首·心·鳥·烏·燕·羽·虫·魚·龜·貝·牛·羊·犬·馬·虎·象·鹿·兎·鼠·角·肉·竹·瓜·艸·木·禾·米·衣·巾·糸·門·戶·田·土·瓦·鼎·井·豆·皿·壺·弓·刀·矛·戈·車·舟·臼·冊·果·谷·石·州·兒·眉…….

(2) 指事

指事란 부호로서 事象의 뜻을 표시하는 것이다. 事란 본뜰 수 있는 구체적 형체가 없기 때문에 그 事의 상태를 지시하여 밝힐 수밖에 없는 것이다. 따라서 指事字는 그것을 보고 사상을 식별할 수 있고 그것이 지시하는 뜻을 알 수 있다. 예를 들면 '上'은 하나의 사물이 다른 사물의 위에 있음을 지시하고, '下'는 이와 반대로 다른 사물의 아래에 있음을 지시한다.

예)  

一・二・三・上・下・入・出・大・生・飛・凶・本・末・中・立・旦・叉・寸・尺・父・母・子・夫・引・之・不・夕…….

(3) 會意

會意란 둘 혹은 그 이상의 象形字나 指事字가 배합되어 하나의 새로운 글자를 이루는 것이다. 이때 배합된 字들의 字意에 의하여 새로이 합성된 字의 字意는 어느 정도 드러나게 된다. 예컨대, '武'는 '止'와 '戈'의 배합에 의하여 이루어지는데 傳하여 兵戈를 中止하게 하는 것이 그 진정한 字意임을 미루어 알 수 있다. 또 '信'은 '人'과 '言'이 배합한 것인데 사람이 한 번 허락한 말은 실현할 수 있어야 믿음을 얻게 된다는 의미가 내포됨을 짐작할 수 있다.

예) 休 : 사람(人)이 나무(木)에 기대어 '쉬다'
林 : 나무(木)와 나무(木)가 모여 '수풀'
好 : 여자(女)가 아이(子)를 안고서 '좋아하다'
友 : 두 사람이 손(又)을 마주 잡은 '벗'
炎 : 불(火)에 불(火)이 더해져 '불길'
比 : 두 사람(人)이 나란히 '비교'
孝 : 자식(子)이 노인(老)을 엎어주는 '孝'
教 : 효(孝)를 하도록 회초리(攴)로 '가르치다'
明 : 창(窓)문에 비친 달(月)이 '밝다'

(4) 形聲

形聲은 사물의 모양을 나타내는 부분과 사물의 소리를 나타내는 부분이 서로 합하여 새로운 글자를 이루는 것이다. 예를 들면 '江, 河'는 물(水)의 뜻으로 '氵'를 붙여서 사물의 모양을 나타내는 한편, 여기에 다시 '工', '可'를 취하여 사물의 소리를 나타내게 되는데 이와 같이 모양(形)과 소리(聲)를 서로 합하여 만든 漢字가 形聲字이다.

예) 露 : 뜻부분(雨 : 비) + 음부분(路 : 로)
　　洋 : 뜻부분(水 : 풀) + 음부분(羊 : 양)
　　花 : 뜻부분(艸 : 풀) + 음부분(化 : 화)
　　江 : 뜻부분(水 : 물) + 음부분(工 : 공→강)

(5) 轉注

轉注란 음이 서로 가깝고 뜻은 서로 같으나 字形이 다른 여러 한자 사이의 轉相注釋이다. 예컨대 '考, 老'가 字形은 서로 달라도 聲韻에서 韻母가 같고 그 뜻이 같으므로 '考, 老也' '老, 考也'로 서로 注釋이 된다. 시간과 공간의 차이로 말미암아 소리가 비슷하고 의미는 같아도 字形이 서로 다른 글자가 나오게 되고 그것이 한 시대 한 지방에서 보편적으로 사용되어 버리면 그러한 字形의 글자를 버릴 수 없게 되어 마침내 轉注의 방법으로 서로 통하게 한 것이다. 轉注의 기능은 소리와 뜻은 같으나 자형이 다른 한자들을 서로 注釋될 수 있도록 하여서 古今南北 글자의 重複을 터서 통하게 하는 것이라고 할 수 있다.

예) 長 : ① 길다 → ② 어른 → ③ 잘하다
　　樂 : ① 음악 (악) → ② 즐거울 (락) → ③ 좋아할 (요)
　　老 : ① 늙은이 → ② 익숙하다

(6) 假借

假借는 언어상으로 이미 통용되고 있는 낱말을 기록할 수 있는 글자가 아직 존재하지 아니할 때에 소리가 같은 글자를 의탁하여서 기록하는 것이다. 예를 들면 '令'은 본래 '명령을 내리다'의 뜻인데 후에 '縣令'의 '令'에 빌려서 썼고, '長'은 본래 '오래다'의 뜻인데 후에 '縣長'의 '長'에 빌려서 쓴 것이다. 경우에 따라서는 본래의 글자가 있는 말도 창졸간에 본래의 글자가 생각나지 아니하여 소리가 같은 다른 글자로써 이를 대치하는 수가 있는데 이것도 역시 가차에 속한다.

예) 亞細亞 : Asia
丁丁 : '쩡쩡'하고 울리는 소리
堂堂 : 의젓하고 거리낌이 없는 모양

六書는 일반적으로 漢字의 製作原理로 이해되어 왔지만 앞에서 살펴 본 바에 의하면 六書 중 象形·指事·會意·形聲만이 글자를 만드는 원리에 관련되며, 轉注와 假借는 글자를 운용하는 방법이라는 것을 알 수 있다. 결국 모든 한자는 象形·指事·會意·形聲의 원리로 만들어지는 셈이다. 기원 1세기경까지의 한자를 망라한 『說文解字』에 수록되어 있는 한자의 총수는 9,353字인데, 그 중에 象形字가 364字, 指事字가 125字, 會意字가 1,167字, 形聲字가 7,697字로 되어 있다. 즉 形聲字가 80% 이상을 차지하는 셈인데 그 후 淸代까지 한자의 총수는 4배 이상으로 늘어났지만 새로 만들어진 한자는 거의 形聲字이었으므로 오늘날 한자의 대부분은 形聲字라고 할 수 있다.

4. 漢字의 書體

(1) 篆書: 한자 서체 가운데 가장 오래된 서체로서 갑골문자도 전서에 해당한다. 중국의 전국 시대에서 확립되어 진나라 통일기에 공식 글자체로 인정되었고 그 뒤로 조금씩 간소화되었다. 지금도 懸板, 碑文의 머리 글자, 圖章 따위에 많이 쓰이고 있다.

(2) 隸書: 篆書를 조금 간소화하여 만든 글자체. 주로 당나라 이전에 쓰였다.

(3) 楷書: 隸書를 내모 반듯하게 정리하여 쓰기 쉽고 보기 좋게 만든 글자체. 중국 문화가 가장 성했던 당나라와 송나라 때에 확립되고 발전되었다. 현재 우리가 쓰고 있는 한자는 모두 해서체에 해당한다.

(4) 行書: 해서체를 조금 흘려서 쓰는 글자체. 해서체의 필기체라고도 할 수 있다.

(5) 草書: 행서체를 더 빠르게 쓰기 위하여 만들어진 서체. 글자의 맥이 끊어지지 않도록 이어서 쓰게 되어 있는 것이 특징이다.

5. 漢字의 部首와 이름

(1) '部首'란?

한자 사전에서는 글자의 특정한 부분이 같은 글자끼리 모아 놓고 획수의 작은 것부터 배열하는데 그 특정한 부분을 부수라고 한다. 어떤 글자가 어떤 부수에 속하는지 알지 못하면 한자 사전을 이용할 수가 없다. 그런데

대부분의 부수는 일정한 뜻을 품고 있어서 부수만 보고도 그 글자가 어떤 내용의 글자인지 짐작할 수 있는 장점이 있다. 부수의 대부분은 象形과 指事에 의하여 만들어진 글자들인데 이것들이 會意나 形聲의 방법으로 새로운 글자를 만들면서 부수라는 개념이 등장하게 되었다.

(2) 部首의 갈래

대부분의 한자는 왼쪽 부분과 오른쪽 부분, 또는 위쪽 부분과 아래쪽 부분으로 나누어 볼 수 있다. 이 가운데 주로 어느 부분에 일정하게 붙는 부수들이 있는데 그 위치에 따라 아래와 같은 몇 가지 갈래로 나누게 되었다.

㉠ 변(邊, 扁) : 글자의 왼쪽 부분에 붙는 부수. (侵, 紳, 糧 따위의 亻, 糸, 米 같은 것)

㉡ 방(傍, 旁) : 글자의 오른쪽에 붙는 부수. (都, 衫, 殺 따위의 阝, 彡, 殳 같은 것)

㉢ 머리 : 글자의 위에 씌어지거나 얹혀진 부수. (哀, 官, 冠, 草, 羅, 筍, 髮 따위의 亠, 宀, 冖, ++, 罒, 竹, 髟 같은 것)

㉣ 발 : 글자의 아래쪽에 다리나 발처럼 붙는 부수. (弄, 兒, 盆 따위의 廾, 儿, 皿 같은 것)

㉤ 엄(掩, 奄, 广) : 위에서 옆으로 내려오면서 글자를 덮듯이 하고 있는 부수. 위에서 아래로 드리워졌다고 해서 '드리움[垂]'이라고도 한다. (廣, 疾, 氣, 式 따위의 广, 疒, 气, 弋 같은 것),

㉥ 받침 : 아래쪽에서 옆으로 감싸는 부수. 밑에 평면으로 있는 부수도 포함한다. (道, 建, 熱 따위의 辶, 廴, 灬 같은 것)

㉦ 몸 : 글자의 둘레를 세 방면 이상에서 둘러싸고 있는 부수. 글자를 에워싸는 부수라고 해서 '에운담'이라고도 한다. (國, 凶, 匠, 鬪, 問 따위의 口, 凵, 匚, 鬥, 門 같은 것).

◎ 밑 : 글자의 밑에 있다는 뜻으로 '발'에 해당하는 부수의 일부를 이렇게 부르기도 하고(皿을 그릇명밑, 髟을 터럭발밑이라고 하는 경우), 글자가 이 부수 밑에 있다는 뜻으로 '머리'나 '엄'에 해당하는 부수의 일부를 이렇게 부르기도 하며(厂을 민엄호밑, ++을 초두밑, 虍을 범호밑, 气을 기운기밑, 罒을 넉사밑, 穴을 구멍혈밑이라고 하는 경우), 변으로 사용되는 경우와 구별하기 위하여 강조 용법 따위로 사용하기도 한다(心을 밑마음심으로, 廾을 밑스물입이라고 하는 경우). 그러나 이 이름은 일반에서 편의상 사용되는 것으로서 공식적인 이름은 아니다.

㉨ 갈래 없음 : 위의 어느 곳에도 속하지 않고 특별히 어떤 곳에 쓰인다고 특정할 수 없는 부수. (一, 丨, 丶. 人, 土, 衣 따위)

6. 漢文의 基本構成

漢文에서는 文章構成의 成分이 되는 單語의 차례, 곧 語順이 文法을 결정하는 최대의 요소가 되며, 우리들이 일상생활에 쓰고 있는 熟語도 이러한 한문의 기본 어순에 따라 구성되어 있음을 볼 수 있다. 여기 어순의 기본 구성을 다음과 같이 도식화해 본다.

① 主語 + 述語

花　　笑(꽃이 피다.)

山　　靑(산이 푸르다.)

② 主語 + 述語 + 目的語

我　　讀　　書(나는 책을 읽는다.)

水　　爲　　湯(물이 탕이 된다.)

③ 主語 + 述語 + 直接目的語(客語) + 介詞(前後置詞) + 間接目的語(補語)

我 讀 書 於 室

(나는 책을 방에서 읽는다.)

④ 主語 + 述語 + 間接目的語(補語) + 直接目的語(客語)

我 與 金君 書

(나는 김군에게 편지를 주었다.)

앞에 든 기본형식에다 다시 修飾語를 더하여 다음과 같이 점차 복잡한 문장을 구성해 간다.

我精讀良書於人文大學圖書室

(나는 좋은 책을 인문대학 도서실에서 정독하였다.)

乙支文德與隋將于仲文詩

(을지문덕이 수의 장수인 우중문에게 시를 주었다.)

①의 어순은 국어와 같고, ②의 어순은 국어와는 전혀 다르다. ③은 목적어가 두 개 있다. 이 경우 간접목적어는 직접목적어 뒤에 두게 되며, 간접목적어 앞에 개사 '於 · 于 · 乎'를 두는 것이 보통이다. ④는 술어가 사람에게 물건을 주는 경우에는 사람에 해당하는 간접목적어를 물건에 해당하는 직접목적어 앞에 두는 것이 보통이다. 단 이 경우엔 '於 · 于 · 乎'의 글자를 써서 ③과 같은 형식으로 바뀌어진다. 곧

我與彼書 (나는 저이에게 편지를 주었다.)

我與書於彼(나는 편지를 저이에게 주었다.)

특히 목적어가 의문대명사일 때는 목적어가 술어 앞에 온다.

天何言哉　〈正〉　(하늘이 무엇을 말하리까.)
天言何哉　〈誤〉

이러한 기본적 어순에다 수식하는 말을 더하여 문장의 뜻을 훨씬 상세하고 확실하게 표현한다.

① 水淸(물이 맑다.)
② 碧水愈淸(푸른 물이 더욱 맑다.)

위 예문 ②의 '碧·愈'는 다 수식어다. ①의 문장보다 수식어가 첨가된 ②의 문장의 뜻이 더 뚜렷하다. ②의 '碧'과 같은 형용사나 이와 같은 성질의 수식어를 '冠形語(形容詞附加語)'라고 하고, '愈'와 같은 부사나 그와 같은 성질의 수식어를 '副詞語(副詞附加語)'라고 한다. 이밖에 독립적으로 쓰이는 성분이 있는데, 이를 獨立語라 한다.

7. 漢文의 品詞

하나의 문장 안에 담겨 있는 단어들은 그 작용이나 성질에 따라 여러 갈래로 나누는데, 이를 '品詞'라고 부른다.

한문의 품사는 대개 9품사로 나누며 다음과 같다.

① 名詞　② 代名詞　③ 動詞　④ 形容詞　⑤ 副詞
⑥ 介詞　⑦ 接續詞　⑧ 語助詞　⑨ 感歎詞

이 9품사 가운데서 뜻을 새기는 글자를 '實辭'라 부르며, 前列에 있는 5개 품사가 곧 그것이요, 실사를 도와 活用하는 글자를 '虛辭'라고 부르며 後列에 있는 4개 품사가 곧 그것이다.

① 명사는 모든 사물의 이름을 나타내는 품사이다.
- ○ 花開花謝(꽃이 피고 꽃이 지다.)
- ○ 烏飛梨落(까마귀 날자 배 떨어진다.)
- ○ 退溪 東國之儒宗也(퇴계는 동국의 유종이다.)

② 대명사는 사물의 이름을 대신하는 품사이다.
- ○ 我向靑山去(나는 청산을 향하여 간다.)
- ○ 彼奪其民時(저들이 그 백성들의 (농사)때를 빼앗다.)
- ○ 此何物也 此是黃金(이것은 무슨 물건이냐? 이것이 바로 황금이다.)

③ 동사는 사물과 인간들의 동작과 존재를 나타내는 품사이다.
- ○ 我祈福(나는 복을 빈다.)
- ○ 昔聞金剛山(옛날에 금강산 얘기를 들었다.)
- ○ 梧桐笑墻外(오동이 담 밖에 피었다.)

④ 형용사는 사물의 형태 · 성질 · 수량 · 지위 등을 나타내는 품사이다.
- ○ 月白風淸(달이 밝고, 바람이 맑다.)
- ○ 靑山流水(푸른 산, 흐르는 물.)
- ○ 楊柳綠 桃花紅(버들은 푸르고, 복숭아꽃은 붉다.)

⑤ 부사는 사물의 시간 · 처소 · 방향 · 상태 · 방법 · 정도나 사물의 成 · 不成, 行動의 肯定 · 否定 등을 나타내는 말로 주로 술어 앞에서 그 뜻을 한

정하는 품사이다.

○ 吾嘗聞退溪學(내 일찍이 퇴계학을 들었다.)

○ 豈敢不走乎(어찌 감히 달아나지 아니하랴!)

○ 悠然觀菊(유연히 국화를 본다.)

⑥ 개사란 전치사와 후치사를 합쳐서 일컫는 말이다. 전자는 명사와 대명사 앞에 붙어서 그들을 동사에 연결시켜 줌으로써 시간・장소・방법・원인 등을 나타내는 것이며, 후자는 명사 뒤에 붙어서 所有나 屬領을 나타내는 품사이다.

○ 父母之恩 高於山(어버이의 은혜는 산보다 높다.)

○ 病從口入 禍從口出(병은 입으로부터 들어오고, 재화는 입으로부터 나온다.)

○ 中也者 天下之大本也 (중이란 것은 천하의 큰 근본이다.)

○ 以龜占卜(거북으로써 점을 친다.)

⑦ 접속사는 語와 語, 句와 句, 文과 文을 접속하는 역할을 가진 품사이다.

○ 富與貴 是人之所欲也(부와 귀 이것은 사람이 바라는 것이다.)

○ 物盛則衰(만물은 성하면 곧 쇠약해진다.)

○ 謹而獻杯(삼가 잔을 드린다.)

⑧ 어조사는 單語・句・文章을 도와서 말하고자 하는 기분이나 태도 등을 나타내는 것으로 우리 국어의 활용어미 구실을 하는 품사이다.

○ 何必曰利 亦有仁義而已(어찌 반드시 이를 말씀하시나이까? 또한 인의가 있을 따름입니다.)

○ 女得人焉乎(네가 사람을 얻었느냐?)

○ 豈不審哉(어찌 살피지 아니하리오?)

⑨ 감탄사는 감동을 받아 부르짖는 소리나 말을 이르는 품사이다.

- ○ 嗚呼 痛哉!(아! 슬프도다.)
- ○ 於戱 偉哉!(아! 갸륵하도다.)
- ○ 漠漠乎 大海!(아득하도다. 큰 바다여!)

Ⅱ. 短文類

1) 語句 解釋

○ 二人同心 其利斷金〈『易經』〉

○ 玉不琢不成器 人不學不知道〈『禮記』〉

○ 良藥苦於口 而利於病 忠言逆於耳 而利於行〈『孔子家語』〉

○ 水至淸則無魚 人至察則無徒〈『孔子家語』〉

○ 樹欲靜而風不止 子欲養而親不待〈『韓詩外傳』〉

○ 狡兎死 走狗烹〈『史記』〉

○ 寧爲鷄口 無爲牛後〈『戰國策』〉

글자 풀이

【利】 날카로울 리	【斷】 끊을 단	【藥】 약 약
【逆】 거스를 역	【至】 지극할 지	【察】 살필 찰
【徒】 무리 도	【狡】 날랠 교	【兎】 토끼 토
【狗】 개 구	【烹】 삶을 팽	【鷄】 닭 계

○ 道吾善者 是吾賊 道吾惡者 是吾師『明心寶鑑』

○ 月滿則虧 物盛則衰〈『春香傳』〉

○ 至樂莫如讀書 至要莫如敎子〈『明心寶鑑』〉

○ 死生有命 富貴在天〈『明心寶鑑』〉

○ 守口如甁 防意如城〈『明心寶鑑』〉

○ 人生不學 冥冥如夜行〈『明心寶鑑』〉

○ 不經一事 不長一智〈『明心寶鑑』〉

○ 一言不中 千語無用〈『明心寶鑑』〉

○ 禮與其奢也 寧儉〈『論語』 八佾〉

○ 無敵於天下者天吏也〈『孟子』 公孫丑 上〉

○ 天時不如地利 地利不如人和〈『孟子』 公孫丑 上〉

글자 풀이

【道】 말할 도　　【賊】 도둑 적　　【虧】 이지러질 휴

【衰】 시들 쇠　　【甁】 병 병　　【防】 막을 방

【與~寧】: ~하는 것보다는 차라리 ~하는 것이 낫다.

○ 出於幽谷 遷于喬木〈『孟子』 滕文公 上〉

○ 得其民 斯得天下矣〈『孟子』 離婁 上〉

○ 事在易 而求諸難〈『孟子』 離婁 上〉

○ 至誠而不動者 未之有也〈『孟子』 離婁 上〉

○ 存乎人者 莫良於眸子〈『孟子』 離婁 上〉

○ 積善之家 必有餘慶 積不善之家 必有餘殃『易經』

○ 千丈之堤 以螻蟻之穴潰 百尺之室 以突隙之烟焚〈『韓非子』 喩老〉

○ 右手畫圓 左手畫方 不能兩成〈『韓非子』 功名〉

○ 三人言而成虎〈『韓非子』 內儲說上七術〉

○ 兵者國之大事 死生之地 存亡之道 不可不察也〈『孫子』 計篇〉

글자 풀이

【喬】 높을 교　【遷】 옮길 천　【諸】 어조사 저

【眸】 눈동자 모　【積】 쌓을 적　【殃】 재앙 앙

【堤】 방죽 제　【螻】 땅강아지 루　【蟻】 개미 의

【潰】 허물어질 궤　【突】 갑자기 돌, 뚫을 돌　【焚】 가시나무 초, 초나라 초

【隙】 틈 극　【烟】 연기 연

【喬木】: 줄기가 곧고 굵으며 높이 자라는 나무

【遷喬】: 관리가 되어 시험에 합격한다는 말로 출세한다는 뜻

【眸子】: 눈동자　【螻蟻】: 작은 힘을 비유함.

○ 用兵之法 全國爲上 破國次之〈『孫子』 謀政篇〉

○ 知彼知己 百戰不殆 不知彼而知己 一勝一負 不知彼不知己 每戰必殆〈『孫子』 謀政篇〉

○ 不和於國 不可以出軍〈『吳子』 圖國〉

○ 見可而進 知難而退也〈『吳子』 料敵〉

○ 必死則生 幸生卽死〈『吳子』 治兵〉

○ 人常死其所不能 敗其所不便 故用兵之法 教戒爲先〈『吳子』 治兵〉

○ 心欲小而膽欲大 智欲圓而行欲方 能欲多而事欲鮮〈『淮南子』主術訓〉

○ 其責己也重以周 其待人也輕以約〈韓愈〈原毁〉〉

○ 人皆知有用之用 而莫知無用之用也〈『莊子』 人間世〉

○ 福輕乎羽 莫之知載 禍重乎地 莫之知避〈『莊子』 人間世〉

○ 以責人之心責己 恕己之心恕人 不患不到聖賢地位〈朱熹『宋名臣言行錄』〉

글자 풀이

【殆】 위태할 태　　　【膽】 쓸개 담

○ 讀書之法 先要熟看 須是正看背看 左看右看 看得是了 未可便說道是 更須反復玩味〈『朱子語綠』〉

○ 子曰 與善人居 如入芝蘭之室 久而不聞其香 卽與之化矣 與不善人居 如入鮑魚之肆 久而不聞其臭 亦與之化矣

丹之所藏者赤 漆之所藏者黑 是以 君子必愼其所與處者焉

○ 家語云 與好學人同行 如霧露中行 雖不濕衣 時時有潤

與無識人同行 如厠中坐 雖不汚衣 時時聞臭〈『明心寶鑑』交友篇〉

○ 朱子曰 勿謂今日不學而有來日 勿謂今年不學而有來年

日月逝矣 歲不我延 嗚呼老矣 是誰之愆

○ 少年易老學難成 一寸光陰不可輕 未覺池塘春草夢 階前梧葉已秋聲

○ 陶淵明詩云 盛年不重來 一日難再晨 及時當勉勵 歲月不待人〈『明心寶鑑』勸學篇〉

글자 풀이

【玩】 장난할 완 【芝】 지초 지 【蘭】 난초 란

【鮑】 절인 어물 포 【肆】 가게 사 【臭】 냄새 취

【藏】 감출 장 【漆】 옻 칠 【霧】 안개 무

【濕】 젖을 습 【厠】 뒷간 측 【汚】 더러울 오

【逝】 갈 서 【延】 길 연 【愆】 허물 건

【塘】 못 당 【階】 계단 계 【梧】 오동나무 오

【晨】 새벽 신 【勉】 힘쓸 면 【勵】 힘쓸 려

【待】 기다릴 대

2. 短文 解釋

(1) 論語 抄

○ 子曰 學而時習之 不亦說乎 有朋自遠方來 不亦樂乎 人不知而不慍 不亦君子乎

○ 子曰 巧言令色 鮮矣仁

○ 曾子曰 吾日三省吾身 爲人謀而不忠乎 與朋友交而不信乎 傳不習乎

○ 子曰 弟子 入則孝 出則悌 謹而信 汎愛衆 而親仁 行有餘力 則以學文

○ 子曰 君子食無求飽 居無求安 敏於事而愼於言 就有道而正焉 可謂好學也已

○ 子曰 不患人之不己知 患不知人也〈學而〉

○ 子曰 詩三百 一言以蔽之 曰 思無邪

글자 풀이

【說】 기뻐할 열　【慍】 성낼 온　【令】 예쁠 령

【悌】 공경할 제　【汎】 널리 범　【飽】 배부를 포

【就】 나아갈 취　【患】 근심 환　【蔽】 단정지을 폐

【邪】 간사할 사

▶ 참고

【曾子】: 공자의 문인 증삼(曾參).

○ 子曰 吾十有五而志于學 三十而立 四十而不惑 五十而知天命 六十而耳順 七十而從心所欲不踰矩

○ 子曰 溫故而知新 可以爲師矣

○ 子曰 學而不思則罔 思而不學則殆

○ 子曰 由 誨女知之乎 知之爲知之 不知爲不知 是知也〈爲政〉

○ 子曰 質勝文則野 文勝質則史 文質彬彬 然後君子

○ 子曰 知之者不如好之者 好之者不如樂之者

○ 子曰 知者樂水 仁者樂山 知者動 仁者動 知者樂 仁者壽〈雍也〉

○ 子在川上曰 逝者如斯夫 不舍晝夜

글자 풀이

【惑】 미혹할 혹	【踰】 넘을 유	【矩】 법 구
【器】 그릇 기	【罔】 없을 망	【殆】 위태로울 태
【誨】 가르칠 회	【女】 너 여(汝와 통용)	【簞】 대그릇 단
【瓢】 표주박 표	【陋】 더러울 루	【質】 바탕 질
【彬】 찬란히 빛날 빈	【逝】 갈 서	【舍】 그칠 사
【樂】 즐거울 락 · 풍류 악 · 좋아할 요		

○ 子曰 三人行 必有我師焉 擇其善者而從之 其不善者而改之〈子路〉

○ 子曰 貧而無怨難 富而無驕易〈憲問〉

○ 子之武城 聞絃歌之聲 夫子莞爾而笑曰 割鷄焉用牛刀
子游對曰 昔者偃也聞諸夫子 曰君子學道則愛人 小人學道則易使也
子曰 二三子 偃之言是也 前言戲之耳〈陽貨〉

○ 子夏曰 博學而篤志 切問而近思 仁在其中矣〈子張〉

글자 풀이

【擇】 가릴 택 【怨】 원망할 원 【驕】 교만할 교
【絃】 악기줄 현 【莞】 빙그레웃을 완 【割】 벨 할
【焉】 어찌 언 【偃】 누울 언 【篤】 돈독할 독
【切】 간절할 절

▶ 참고

【不如】: ~같지 못하다.

【武城】: 노국(魯國)의 고을 이름. 공자의 제자 자유(子游)가 무성(武城)의 재(宰)가 되어 다스리고 있었음.

【莞爾】: 빙그레 웃는 모습.

【割鷄牛刀】: 닭 잡는데 소 잡는 칼을 쓴다는 뜻으로 큰 재능을 작은 일에 쓸 때 비유적으로 쓰임.

【偃】: 공자의 제자인 자유의 이름.

(2) 孟子 抄

○ 孟子見梁惠王 王曰 叟不遠千里而來 亦將有以利吾國乎 孟子對曰 王 何必曰利 亦有仁義而已矣 王曰 何以利吾國 大夫曰 何以利吾家 士庶人曰 何以利吾身 上下交征利 而國危矣 萬乘之國 弑其君者 必千乘之家 千乘之國 弑其君者 必百乘之家 萬取千焉 千取百焉 不爲不多矣 苟爲後義而先利 不奪不饜 未有仁而遺其親者也 未有義而後其君者也 王亦曰仁義而已矣 何必曰利 〈梁惠王〉

글자 풀이

【叟】 늙은이 수	【庶】 서인 서	【征】 정벌할 정
【乘】 수레 승	【弑】 죽일 시	【饜】 물릴 염

▶ 참고

【梁惠王】: 위(魏)의 혜왕(惠王)

【而已矣】: '~할 따름이다.'의 뜻으로 한정을 나타내는 종결어기사.

○ 梁惠王曰 寡人之於國也 盡心焉耳矣 河內凶 則移其民於河東 移其粟於河內 河東凶亦然 察鄰國之政 無如寡人之用心者 鄰國之民不加少 寡人之民不加多 何也 孟子對曰 王好戰 請以戰喩 塡然鼓之 兵刃旣接 棄甲曳兵而走 或百步而後止 或五十步而後止 以五十步笑百步 則何如 不可 直不百步耳 是亦走也 王如知此 則無望民之多於鄰國也 不違農時 穀不可勝食也 數罟不入洿池 魚鼈不可勝食也 斧斤以時入山林 材木不可勝用也 穀與魚鼈不可勝食 材木不可勝用 是使民養生喪死無憾也 養生喪死無憾 王道之始也〈梁惠王〉

글자 풀이

【寡】 적을 과　【察】 살필 찰　【喩】 깨우칠 유

【塡】 북소리 전　【曳】 끌 예　【違】 어길 위

【穀】 곡식 곡　【罟】 그물 고　【數】 빽빽할 촉

【洿】 웅덩이 과　【鼈】 자라 별　【憾】 한할 감

▶ 참고

【寡人】: 제후의 자칭. 덕이 적은 사람이라는 뜻으로 겸사(謙辭)한 것임.

【塡然】: 북소리의 형용.

【何爲】: '어떠하다'의 뜻.

○ 孟子曰 事孰爲大 事親爲大 守孰爲大 守身爲大 不失其身 而能事其親者 吾聞之矣 失其身 而能事其親者 吾未之聞也 孰不爲事 事親 事之本也 孰不爲守 修身 守之本也〈離婁 上〉

○ 居天下之廣居 立天下之正位 行天下之大道 得志與民由之 不得志獨行其道 富貴不能淫 貧賤不能移 威武不能屈 此之謂大丈夫〈滕文公 下〉

○ 孟子曰 君子有三樂而王天下不與存焉 父母俱存 兄弟無故 一樂也 仰不愧於天 俯不怍於人 二樂也 得天下英才而教育之 三樂也〈盡心 上〉

글자 풀이

【孰】 누구 숙	【事】 섬길 사	【失】 잃을 실
【修】 닦을 수	【淫】 음란할 음	【怍】 부끄러워할 작
【貧】 가난할 빈	【賤】 천할 천	【仰】 우러를 앙

Ⅲ. 故事

1. 塞翁之馬

夫禍福之轉而相生 其變難見也 近塞上之人 有善術者 馬無故亡而入胡 人皆弔之 其父曰 此何遽不爲福乎 居數月 其馬將胡駿馬而歸 人皆賀之 其父曰 此何遽不能爲禍乎 家富良馬 其子好騎 墮而折其髀 人皆弔之 其父曰 此何遽不能爲福乎 居一年 胡人大入塞 丁壯者引弦而戰 近塞之人 死者十九 此獨以跛之故 父子相保 故福之爲禍 禍之爲福 化不可極 深不可測也〈『淮南子』〉

글자 풀이

【禍】 재앙 화
【轉】 구를 전
【變】 변할 변
【塞】 막힐 색 · 변방 새
【胡】 오랑캐 호
【弔】 조문할 조
【遽】 갑자기 거
【駿】 준마 준
【賀】 하례할 하
【騎】 말탈 기
【墮】 떨어질 타
【折】 꺾을 절
【髀】 넓적다리 비
【弦】 활시위 현
【跛】 절뚝발이 파
【測】 헤아릴 측

▶ 참고

【何遽~ 乎】: '어찌~리요'. 거(遽)는 거(詎)와 통용.

【丁壯者】: 나이 젊고 성한 사람.

2. 刎頸之交

趙王歸 以相如爲上卿 位廉頗右 頗曰 我爲趙將 有攻城野戰之功 相如素賤人 徒以口舌我上 吾羞爲之下 我見相如 必辱之 相如聞之 每朝常稱疾 不欲與爭列 出望見 輒引車避匿 其舍人皆以爲耻 相如曰 夫以秦之威相如廷叱之 辱其羣臣 相如雖駑 獨畏廉將軍哉 顧念强秦不敢加兵於趙者徒以吾兩人在也 今兩虎共鬪 其勢不俱生 吾所以爲此者 先國家之急 而後私仇也 頗聞之 肉袒負荊 詣門謝罪 遂爲刎頸之交 〈『十八史略』〉

글자 풀이

【廉】 청렴할 렴 【頗】 자못 파 【素】 본디 소

【徒】 다만 도 【輒】 문득 첩 【避】 피할 피

【匿】 숨을 닉 【耻】 부끄러워할 치 【叱】 꾸짖을 질

【駑】 둔할 노 【顧】 도리어 고 【鬪】 다툴 투

【俱】 함께 구 【仇】 원수 구 【荊】 가시 형

【詣】 이를 예 【刎】 목벨 문 【頸】 목 경

▶ 참고

【上卿】: 조정(朝廷)의 대신.

【舍人】: 사사로운 부하 사람.

【肉袒負荊】: 웃옷의 어깨를 벗고 이것으로 마음껏 때려 달라고 매체를 메고 가 진심으로 사과하는 뜻을 보이는 것.

【刎頸之交】: 친구를 위해서라면 목을 베어도 거리끼지 않을 만큼 마음을 허락하는 사이.

3. 一擧兩得

莊子欲刺虎 舘豎子止之曰 兩虎方且食牛 食甘必爭 爭則必鬪 鬪則大者傷 小者死 從傷而刺之 一擧必有雙虎之名 莊子以爲然 立須之 有頃 兩虎果鬪 大者傷 小者死 莊子從傷而刺之 一擧 果有雙虎之功〈『史記』〉

4. 孟母三遷

孟軻之母 其舍近墓 孟子之少也 嬉戱爲墓間之事 踊躍築埋 孟母曰 此非所以居子也 乃去舍市 其嬉戱爲賈衒 孟母曰 此非所以居子也 乃徙舍學宮之旁 其嬉戱乃設俎豆 揖讓進退 孟母曰 此眞可以居子矣 遂居之 孟子幼時 問東家殺猪何爲 母曰 欲啖汝 旣而悔曰 吾聞古有胎敎 今適有知而欺之 是敎之不信 乃買猪肉 以食之 旣長就學 遂成大儒〈『列女傳』〉

글자 풀이

【擧】 들 거 【刺】 찌를 자(척) 【舘】 객사 관
【豎】 더벅머리 수 【頃】 잠깐 경 【軻】 굴대 가
【嬉】 놀 희 【踊】 뛸 용 【躍】 뛸 약
【築】 쌓을 축 【衒】 팔 현 【俎】 도마 조
【豆】 제기이름 두 【猪】 돼지 저 【胎】 태 태
【欺】 속일 기 【儒】 선비 유

5. 魏顆結草

晉魏顆武子之子　初武子有嬖妾無子　武子疾　命顆曰　必嫁是　疾病則曰必以爲殉　及卒顆嫁之曰　疾病則亂　吾從其治也　及敗秦師于輔氏　獲杜回秦之力人也　顆見老人結草以亢杜回　杜回躓而顚　故獲之　夜夢之曰　余而所嫁婦人之父也　爾用先人之治命　余是以報〈『蒙求』〉

6. 多多益善

高祖　嘗從容問信諸將　能將兵多少　上曰　如我　能將幾何　信曰　陛下不過將十萬　上曰　於君何如　信曰　臣多多益善　上笑曰　多多益善　何以爲我禽　曰　陛下不能將兵而能將將　此臣所以爲陛下禽　且陛下所謂天授　非人力也〈『十八史略』〉

글자 풀이

【顆】 낟알 과	【嬖】 사랑할 폐	【殉】 따라 죽을 순
【獲】 얻을 획	【躓】 넘어질지	【顚】 넘어질 전
【陛】 섬돌 폐	【禽】 사로잡을 금(擒과 통용)	【授】 줄 수

▶ 참고

【高祖】: 중국 한고조(漢高祖) 유방(劉邦).

7. 叔敖陰德

孫叔敖爲嬰兒 出遊而還 憂而不食 其母問其故 泣而對曰 今日吾見兩頭蛇 恐去死無日矣 母曰 今蛇安在 曰 吾聞見兩頭蛇者死 吾恐他人又見已埋之矣 母曰 無憂 汝不死 吾聞之 有陰德者 天報以福 人聞之 皆喩其爲仁也 及令尹 未治而國人信之 列女傳曰 有陰德者陽報之 德勝不祥 仁除百禍 天之處高聽卑 爾必興於楚 及長爲令尹 老終 〈『蒙求』〉

8. 宓賤彈琴

宓子賤治單父 彈鳴琴 身不下堂 而單父治 巫馬期以星出 以星入 日夜不居 以身親之 而單父亦治 巫馬期問其故 宓子曰 我之謂任人 子之謂任力 任力者故勞 任人者故逸 〈『蒙求』〉

글자 풀이

【敖】 놀 오	【嬰】 아이 영	【恐】 두려워할 공
【埋】 묻을 매	【報】 갚을 보	【喩】 깨달을 유
【祥】 상서로울 상	【宓】 성 복 · 조용할 밀	【彈】 튕길 탄

▶ 참고

【宓子賤】: 복부제(宓不齊). 자(字)는 자천(子賤). 공자의 제자.

【巫馬期】: 무마시(巫馬施). 자는(字) 자기(子期). 공자의 제자.

【以星出 以星入】: '별을 이고 간다'는 뜻으로 일에 정력을 다하는 것을 말함.

9. 伯牙絶絃

伯雅善鼓琴 鍾子期善聽 伯牙鼓琴 志在高山 子期曰 善哉峩峩乎若泰山 志在流水 子期曰 善哉洋洋兮若江河 伯牙所念 子期必得之 呂氏春秋曰 鍾子期死 伯牙破琴絶絃 終身不復鼓琴 以爲無足爲鼓者〈『蒙求』〉

10. 車胤聚螢

晉車胤字武子 南平人 恭勤不倦 博覽多通 家貧不常得油 夏月則練囊盛數十螢火 以照書 以夜繼日焉 桓溫在荊州 辟爲從事 以辯識義理 深重之 稍遷征西長史 遂顯於朝廷 時武子與吳隱之 以寒素博學知名于世 又善於賞會 當時每有盛坐 而武子不在 皆云 無車公不樂 終吏部尙書〈『蒙求』〉

글자 풀이

【伯】 맏 백	【牙】 어금니 아	【絶】 끊을 절
【絃】 줄 현	【鍾】 종 종	【峩】 높을 아
【洋】 바다 양	【破】 부술 파	【復】 다시 부 · 회복할 복
【胤】 이을 윤	【囊】 주머니 낭	【螢】 반딧불 형
【辯】 말잘할 변	【稍】 잠깐 초	【遷】 옮길 천

11. 兄弟投金

高麗恭愍王時 有民兄弟偕行 弟得黃金二錠 以其一與兄 至孔巖津 同舟而濟 弟忽投金於水 兄怪而問之 答曰 吾平日愛兄篤 今而分金 忽萌忌兄之心 此乃不祥之物也 不若投諸江而忘之 兄曰 汝言誠是 亦投金於水 時同舟者皆愚民 故無有問其姓名邑里云〈『新增東國輿地勝覽』〉

12. 刮目相對

孫權將呂蒙 初不學 權勸蒙讀書 魯肅後與蒙論議 大驚曰 卿非復吳下阿蒙 蒙曰士別三日 卽當刮目相對〈『史記』〉

글자 풀이

【愍】 근심할 민　【偕】 함께 해　【錠】 은화 정
【濟】 건널 제　【篤】 돈독할 독　【萌】 싹틀 맹
【愚】 어리석을 우　【邑】 고을 읍　【里】 마을 리

▶ 참고

【尹淮】: 조선 세종(世宗) 때의 학자. 자(字)는 청경(淸卿).

【孫權】: 중국 삼국시대 오(吳)나라를 세운 사람.

【呂蒙】: 손권(孫權)을 도와 오(吳)를 건국하는 데 공을 세운 명장(名將).

13. 忍辱

尹淮 少時 有鄕里之行 暮投逆旅 主人不許宿 坐於庭畔 主人兒 持大眞珠出來 落於庭中 旁有白鵝 卽呑之 俄而主人索珠不得 疑公竊取 縛之朝將告官 公不與辯 只云 彼鵝亦繫吾傍 明朝 主從鵝後出 主人慙謝曰昨何不言 公曰昨若言之 則主人必剖覓珠 故忍辱而待〈『國朝名臣錄』〉

14. 斬馬

萬明 金庾信母夫人 庾信爲兒時 母日加嚴訓 不妄交遊 一日 偶宿女妓天官家 母曰 我望汝成長立功名 今與少兒 遊戱妓房酒肆耶 庾信 卽於母前 自警 不復過其門 一日 被酒還家 馬解舊路 誤至娼家 妓兒且忻且怨垂淚出迎 公旣醒 斬馬棄鞍而返 女作怨辭一曲 傳志〈『東京誌』〉

글자 풀이

【畔】 두둑 반　【鵝】 거위 아　【呑】 삼킬 탄
【俄】 갑자기 아　【竊】 훔칠 절　【縛】 묶을 박
【繫】 맬 계　【慙】 부끄러워할 참　【剖】 가를 부
【覓】 찾을 멱　【刮】 깎을 괄　【斬】 벨 참
【庾】 곳집 유　【戱】 놀 희　【肆】 가게 사
【警】 경계할 경　【誤】 그릇할 오　【忻】 기뻐할 흔
【淚】 눈물 루　【醒】 술깰 성　【鞍】 안장 안

15. 韓信受辱

初淮陰韓信 家貧 釣城下 有漂母 見信饑 飯信 信曰 吾必厚報 母怒曰 大丈夫不能自食 吾哀王孫 而進食 豈望報乎 淮陰屠中 少年 有侮信者 因衆辱之曰 若雖長大好帶劍 中情怯耳 能死刺我 不能出我胯下 信熟視之 俛出胯下蒲伏 一市人 皆笑信怯〈『蒙求』〉

16. 伯瑜泣杖

伯瑜有過 其母笞之 泣 母曰 他日笞未嘗泣 今泣何也 對曰 他日得罪笞 常痛 今母之力不能痛 是以泣〈『蒙求』〉

글자 풀이

【釣】 낚시할 조
【漂】 빨래할 표
【饑】 굶주릴 기
【屠】 잡을 도
【侮】 업신여길 모
【怯】 겁낼 겁
【胯】 사타구니 과
【熟】 익을 숙
【俛】 숙일 부 · 힘쓸 면
【蒲】 부들 포(匍와 통용)
【瑜】 옥 유
【杖】 지팡이 장
【笞】 볼기칠 태
【嘗】 일찍이 상
【痛】 아플 통

17. 愚公移山

太形王屋二山 方七百里 高萬仞 本在冀州之南 河陽之北 北山愚公者 年且九十 面山而居 懲山北之塞 出入之迂也 聚室而謀曰 吾與汝畢力平險 指通豫南 達於漢陰 可乎 雜然相許 其妻獻疑曰 以君之力 曾不能損魁父之丘 如太形王屋何 且焉置土石 雜曰 投諸渤海之尾 隱土 之北 遂率子孫荷擔者三夫 叩石墾壤 箕畚運於渤海之尾 鄰人京城氏之孀妻 有遺男 始齔 跳往助之 寒暑易節 始一反焉 河曲智叟笑而止之曰 甚矣汝之不惠 以殘年餘力 曾不能毁山之一毛 其如土石何 北山愚公長息曰 汝心之固 固不可徹 曾不若孀妻弱子 雖我之死 有子存焉 子又生孫 孫又生子 子又有子 子又有孫 子子孫孫 無窮匱也 而山不加增 何苦而不平 河曲智叟亡以應 〈『列子』〉

글자 풀이

【愚】 어리석을 우　【仞】 길 인　【冀】 땅이름 기
【懲】 혼날 징　【迂】 멀 우　【聚】 모일 취
【畢】 마칠 필　【險】 험할 험　【豫】 미리 예
【獻】 바칠 헌　【魁】 으뜸 괴　【渤】 바다이름 발
【擔】 멜 담　【墾】 개간할 간　【壤】 흙덩이 양
【箕】 키 기　【畚】 삼태기 분　【鄰】 이웃 린(인)
【孀】 과부 상　【叟】 늙은이 수　【毁】 헐 훼
【徹】 통할 철　【匱】 삼태기 궤　【增】 더할 증

18. 材與不材

莊子行於山中 見大木枝葉盛茂 伐木者止其傍而不取也 問其故 曰无所可用 莊子曰 此木以不材得終其天年 出於山 舍於故人之家 故人喜命豎子殺雁而烹之 豎子請曰 其一能鳴 其一不能鳴 請奚殺 主人曰 殺不能鳴者 明日弟子問於莊子曰 昨日山中之木 以不材得天年 今主人之雁 以不材死 先生將何處 莊子笑曰 周將處乎材與不材之間〈『莊子』〉

19. 指鹿爲馬

丞相趙高欲專權 恐群臣不聽 乃先設驗 持鹿獻於二世曰 馬也 二世笑曰 丞相誤邪 指鹿爲馬 問左右 或默或言 高陰中諸言鹿者以法 後群臣皆畏高 無敢言其過〈『蒙求』〉

글자 풀이

【盛】 성할 성 【茂】 무성할 무 【伐】 칠 벌
【舍】 머물 사 【豎】 더벅머리 수 【殺】 죽일 살
【雁】 거위 안 【烹】 삶을 팽 【奚】 어찌 해
【驗】 증험할 험 【鹿】 사슴 록 【默】 잠잠할 묵

▶참고

【周】: 장자(莊子)의 이름.

Ⅳ. 古文 讀解

1. 中國文

1) 漁父辭　屈原

屈原旣放 游於江潭 行吟澤畔 顔色憔悴 形容枯槁 漁父見而問之曰 子非三閭大夫與 何故至於斯 屈原曰 擧世皆濁 我獨淸 衆人皆醉 我獨醒 是以見放 漁父曰 聖人不凝滯於物 而能與世推移 世人皆濁 何不淈其泥而揚其波 衆人皆醉 何不餔其糟而歠其釃 何故深思高擧 自令放爲 屈原曰 吾聞之 新沐者必彈冠 新浴者必振衣 安能以身之察察 受物之汶汶者乎 寧赴湘流葬於江魚之腹中 安能以皓皓之白 而蒙世俗之塵埃乎 漁父莞爾而笑 鼓枻而去 乃歌曰 滄浪之水淸兮 可以濯吾纓 滄浪之水濁兮 可以濯吾足 遂去不復與言〈『古文眞寶』〉

글자 풀이

【漁】 고기잡을 어　【潭】 못 담　【憔】 초췌할 초
【悴】 파리할 췌　【枯】 마를 고　【槁】 마를 고
【濁】 흐릴 탁　【凝】 엉길 응　【滯】 막힐 체
【淈】 흐릴 굴　【餔】 먹을 포　【糟】 술지게미 조
【歠】 마실 철　【釃】 묽은술 리　【皓】 흴 호
【埃】 먼지 애　【枻】 노 예　【纓】 갓끈 영

2) 五柳先生傳　陶淵明

先生不知何許人　亦不詳其姓字　宅邊有五柳樹　因以爲號焉　閑靖少言　不慕榮利　好讀書　不求甚解　每有意會　便欣然忘食　性嗜酒　家貧　不能常得　親舊知其如此　或置酒而招之　造飮輒盡　期在必醉　旣醉而退　曾不吝情去留　環堵蕭然　不蔽風日　短褐穿結　簞瓢屢空　晏如也　常著文章自娛　頗示己志　忘懷得失　以此自終

贊曰　黔婁有言　不戚戚於貧賤　不汲汲於富貴　極其言　玆若人之儔乎　酣觴賦詩　以樂其志　無懷氏之民歟　葛天氏之民歟〈古文眞寶〉

글자 풀이

【詳】 자세할 상　【邊】 가장자리 변　【靖】 편안할 정

【嗜】 즐길 기　【吝】 아낄 인(린)　【堵】 담 도

【蔽】 덮을 폐　【褐】 털옷 갈　【穿】 뚫을 천

【簞】 대광주리 단　【瓢】 박 표　【屢】 자주 루

【晏】 편안할 안　【娛】 즐거워할 오　【頗】 자못 파

【黔】 검을 검　【玆】 이에 자　【儔】 짝 주

【酣】 즐길 감　【觴】 잔 상

▶ 참고

【陶潛】: (365~427) 육조(六朝) 동진(東晋)의 전원시인(田園詩人).

【短褐穿結】: 짧은 평민복. 그것도 꿰매고 조각은 댄 옷을 말함.

【黔婁】: 전국시대 제(齊)나라의 은사(隱士)이며 위왕(威王)의 스승.

【無懷氏】: 상고시대 복희씨(伏羲氏) 이전의 제왕.

【葛天氏】: 음악과 춤을 만든 사람이며, 방직과 의류를 발명한 인물.

3) 桃花源記 陶淵明

晉太元中 武陵人 捕魚爲業 緣溪行 忘路之遠近 忽逢桃花林 夾岸數百步中無雜樹 芳草鮮美 落英繽紛 漁人甚異之 復前行 欲窮其林 林盡水源便得一山 山有小口 彷彿若有光 便舍船 從口入 初極狹纔通人 復行數步豁然開朗 土地平曠 居舍儼然 有良田美池桑竹之屬 阡陌交通 雞犬相聞其中往來種作 男女衣着 悉如外人 黃髮垂髫 並怡然自樂 見漁人 乃大驚 問所從來 具答之 便要還家 設酒殺雞作食 村中聞有此人 咸來問訊自云 先世避秦時亂 率妻子邑人 來此絶境 不復出焉 遂與外人閒隔 問今是何世 乃不知有漢 無論魏晉 此人一一爲具言所聞 皆歎惋 餘人各復延至其家 皆出酒食 停數日辭去 此中人語云 不足爲外人道也 旣出得船 便扶向路 處處誌之 及郡下 詣太守 說如此 太守卽遣人隨其往 尋向所誌遂迷不復得路 南陽劉子驥 高尙士也 聞之 欣然親往 未果 尋病終 後遂無問津者〈靖節先生集〉

글자 풀이

【捕】 사로잡을 포
【繽】 어지러울 빈
【夾】 낄 협
【狹】 좁을 협
【纔】 겨우 재
【豁】 뚫린 골 활
【曠】 밝을 광
【儼】 의젓할 엄
【桑】 뽕나무 상
【阡】 두렁 천
【陌】 두렁 맥
【悉】 다 실
【髮】 터럭 발
【髫】 다박머리 초
【怡】 기쁠 이
【驚】 놀랄 경
【咸】 다 함
【訊】 물을 신
【避】 피할 피
【亂】 어지러울 란(난)
【率】 거느릴 솔
【隔】 사이뜰 격
【惋】 한탄할 완
【延】 끌 연
【停】 머무를 정
【船】 배 선
【扶】 도울 부
【誌】 기록할 지
【劉】 성 유
【驥】 천리마 기
【尋】 찾을 심
【津】 나루 진
【靖】 편안할 정

▶ 참고

【太元】: 동진(東晉) 효무제(孝武帝)의 연호(年號)

【黃髮垂髫】: 노인과 어린아이

【誌之】: 표식을 해 두다.

【問津】: 길을 묻다.

4) 春夜宴桃李園序 李白

夫天地者萬物之逆旅 光陰者百代之過客 而浮生若夢 爲歡幾何 古人秉燭夜遊 良有以也 況陽春召我以煙景 大塊假我以文章 會桃李之芳園 序天倫之樂事 群季俊秀 皆爲惠連 吾人詠歌 獨慚康樂 幽賞未已 高談轉淸 開瓊筵以坐花 飛羽觴而醉月 不有佳作 何伸雅懷 如詩不成 罰依金谷酒數〈『古文眞寶』〉

글자 풀이

【桃】 복숭아 도　【塊】 땅덩이 괴　【慚】 부끄러워할 참

【康】 편안할 강　【瓊】 옥 경　【筵】 자리 연

【觴】 술잔 상　【罰】 죄 벌

▶ 참고

【李白】: 당나라의 시인. 자는(字) 태백(太白). 적선인(謫仙人)이라 불림.

【逆旅】: 여관. 역(逆)은 영(迎)과 같아 여객(旅客)을 맞이한다는 뜻.

【羽觴】: 새 모양이 있는 술잔.

【金谷酒數】: 진(晋)나라 석숭(石崇)이라는 부호(富豪)가 금곡원(金谷園)에서 잔치를 열고 즉제(卽題)의 시를 짓게 하여 짓지 못한 자에게 석 잔씩 벌주를 마시게 하였던 고사를 말함.

5) 師說 韓愈

古之學者必有師　師者所以傳道授業解惑也　人非生而知之者　孰能無惑　惑而不從師　其爲惑也　終不解矣　生乎吾前　其聞道也　固先乎吾　吾從而師之　生乎吾後　其聞道也　亦先乎吾　吾從而師之　吾師道也　夫庸知其年之先後生於吾乎　是故無貴無賤　無長無少　道之所存　師之所存也　嗟乎　師道之不傳也久矣　欲人之無惑也難矣　古之聖人　其出人也遠矣　猶且從師而問焉　今之衆人　其下聖人也亦遠矣　而恥學於師　是故聖益聖　愚益愚　聖人之所以爲聖　愚人之所以爲愚　其皆出於此乎　愛其子　擇師而敎之　於其身也　則恥師焉惑矣　彼童子之師　授之書而習其　句讀者也　非吾所謂傳其道　解其惑者也　句讀之不知　惑之不解　或師焉　或不焉　小學而大遺　吾未見其明也　巫醫樂師百工之人　不恥相師　士大夫之族　曰師曰弟子云者　則群聚而笑之　問之則曰　彼與彼年相若也　道相似也　位卑則足羞　官盛則近諛　嗚呼　師道之不復可知矣　巫醫百工之人　君子不齒　今其智乃反不能及　可怪也歟　聖人無常師　孔子師郯子萇弘師襄老聃郯子之徒　其賢不及孔子　孔子曰　三人行　則必有我師　是故弟子不必不如師　師不必賢於弟子　聞道有先後　術業有專攻　如斯而已　李氏子蟠　年十七　好古文　六藝經傳皆通習之　不拘於時　請學於余　余嘉其能行古道　作師說以貽之〈『古文眞寶』〉

글자 풀이

【孰】 누구 숙
【庸】 어찌 용
【嗟】 탄식할 차
【恥】 부끄러워할 치
【醫】 의원 의
【聚】 모일 취
【諛】 아첨할 유
【齒】 나란히 할 치
【聃】 귀바퀴없을 담
【郯】 나라이름 담
【蟠】 서릴 반
【拘】 잡을 구
【貽】 줄 이

▶ 참고

【韓愈】: 중국 당(唐)나라 문학자·사상가. 자는 퇴지(退之). 창려(昌黎) 출생.

【句讀】: 구절 가운데 떼는 곳과 멈추는 곳.

【萇弘】: 예(禮) 악기(樂記)에 공자(孔子)가 장홍(萇弘)에게 악(樂)을 물었다고 보임.

【老聃】: 노자를 말함.

6) 雜說　韓愈

世有伯樂 然後有千里馬 千里馬常有 而伯樂不常有 故雖有名馬 秖辱於奴隷人之手 騈死於槽櫪之間 不以千里稱也 馬之千里者 一食或盡粟一石 食馬者不知其能千里而食也 是馬雖有千里之能 食不飽力不足 才美不外見 且欲與常馬等 不可得 安求其能千里也 策之不以其道 食之不能盡其材 鳴之不能通其意 執策而臨之曰 天下無良馬 嗚呼其眞無馬耶 其眞不識馬耶〈『古文眞寶』〉

글자 풀이

【秖】 다만 지　　【隷】 노예 례　　【騈】 나란히 병

【槽】 구유 조　　【櫪】 마판 력　　【策】 채찍 책

【耶】 어조사 야

▶ 참고

【伯樂】: 본시 천마를 맡았다는 별 이름. 주(周)나라 손양(孫陽)이 말을 잘 감정하였다하여 불렸는데, 말 감정의 명인(名人)을 부르기도 하고, 천하의 재능을 알아주는 인군(人君)에 비유되기도 함.

【槽櫪之間】: 헛간이나 마굿간.

7) 前赤壁賦 蘇軾

壬戌之秋 七月旣望 蘇子與客 泛舟遊於赤壁之下 清風徐來 水波不興 擧酒屬客 誦明月之詩 歌窈窕之章 少焉 月出於東山之上 徘徊於斗牛之間 白露橫江 水光接天 縱一葦之所如 凌萬頃之茫然 浩浩乎 如憑虛御風而不知其所止 飄飄乎 如遺世獨立羽化而登仙 於是 飮酒樂甚 扣舷而歌之 歌曰 桂棹兮蘭槳 擊空明兮泝流光 渺渺兮余懷 望美人兮天一方 客有吹洞簫者 倚歌而和之 其聲嗚嗚然 如怨如慕 如泣如訴 餘音嫋嫋 不絶如縷 舞幽壑之潛蛟 泣孤舟之嫠婦 蘇子愀然正襟危坐而問客曰 何爲其然也 客曰 月明星稀 烏鵲南飛 此非曹孟德之詩乎 西望夏口 東望武昌 山川相繆 鬱乎蒼蒼 此非孟德之困於周郎者乎 方其破荊州 下江陵 順流而東也 舳艫千里 旌旗蔽空 釃酒臨江 橫槊賦詩 固一世之雄也 而今安在哉 況吾與子 漁樵於江渚之上 侶魚鰕而友麋鹿 駕一葉之扁舟 擧匏樽以相屬 寄蜉蝣於天地 渺滄海之一粟 哀吾生之須臾 羨長江之無窮 挾飛仙以遨遊 抱明月而長終 知不可乎驟得 託遺響於悲風 蘇子曰 客亦知夫水與月乎 逝者如斯 而未嘗往也 盈虛者如彼 而卒莫消長也 蓋將自其變者而觀之 則天地曾不能以一瞬 自其不變者而觀之 則物與我皆無盡也 而又何羨乎 且夫天地之間 物各有主 苟非吾之所有 雖一毫而莫取 惟江上之清風 與山間之明月 耳得之而爲聲 目寓之而成色 取之無禁 用之不竭 是造物者之無盡藏也 而吾與子之所共樂 客喜而笑 洗盞更酌 肴核旣盡 盃盤狼藉 相與枕藉乎舟中 不知東方之旣白 〈『古文眞寶』〉

글자 풀이

【壁】 벽 벽

【凌】 능가할 릉

【扣】 두드릴 구

【泝】 거스를 소

【倚】 기댈 의

【縷】 실 루

【愀】 정색할 초

【舳】 고물 축

【釃】 거를 시

【鰕】 새우 하

【蜉】 하루살이 부

【遨】 놀 오

【消】 사라질 소

【毫】 터럭 호

【肴】 안주 효

【盤】 쟁반 반

【屬】 따를 촉

【憑】 기댈 빙

【舷】 뱃전 현

【渺】 아득할 묘

【訴】 하소연할 소

【潛】 잠길 잠

【繆】 얽힐 무

【艫】 뱃머리 로

【槊】 큰 창 삭

【匏】 바가지 포

【蝣】 하루살이 유

【驟】 갑자기 취

【瞬】 눈깜짝할 순

【竭】 다할 갈

【核】 안주 핵

【狼】 이리 랑

【葦】 갈대 위

【飄】 회오리바람 표

【槳】 상앗대 장

【簫】 피리 소

【嫋】 예쁠 뇨(요)

【嫠】 과부 리

【鬱】 막힐 울

【蔽】 가릴 폐

【樵】 나무할 초

【樽】 술통 준

【羨】 부러워할 선

【逝】 갈 서

【羨】 부러워할 선

【盞】 잔 잔

【盃】 술잔 배

【藉】 깔 자

▶ 참고

【蘇軾】: 자(字)는 자담(子瞻). 호는 동파거사(東坡居士). 송대(宋代)의 대시인이자 고문가.

【明月之詩】: 시경(詩經) 진풍(陳風)의 월출편(月出篇)이라고도 하나 여러 설이 있음.

【窈窕之章】: 시경(詩經) 주남(周南)의 관저편(關雎篇)이라고도 하나 여러 설이 있음.

【幽壑潛蛟】: 그윽한 골짜기 깊이 잠겨 있는 용. 교(蛟)는 뿔 없는 용이라 함.

【曹孟德】: 조조(曹操)의 자(字).

8) 愛蓮說　周敦頤

水陸草木之花　可愛者甚蕃　晉陶淵明　獨愛菊　自李唐來　世人甚愛牡丹　予獨愛蓮之出於淤泥而不染　濯淸漣而不夭　中通外直　不蔓不枝　香遠益淸　亭亭淨植　可遠觀而不可褻翫焉　予謂　菊花之隱逸者也　牡丹花之富貴者也　蓮花之君子者也　噫菊之愛　陶後鮮有聞　蓮之愛　同予者　何人　牡丹之愛　宜乎衆矣〈『古文眞寶』〉

글자 풀이

【蓮】 연꽃 연　【陸】 육지 륙　【蕃】 우거질 번
【淤】 진흙 어　【染】 물들일 념　【濯】 빨 탁
【漣】 물놀이 련　【夭】 요염할 요　【蔓】 덩쿨 만
【褻】 더러울 설　【翫】 가지고 놀 완

▶ 참고

【周敦頤】: 송대(宋代) 이학(理學)의 비조(鼻祖). 자(字)는 무숙(茂叔). 염계선생(濂溪先生).

【李唐】: 당나라 황실이 이씨였었기 때문에 이렇게 부름.

【褻翫】: 가까이서 제멋대로 취하여 즐기는 것.

2. 韓國文

1) 百結先生

百結先生不知何許人 居狼山下 家極貧 衣百結若懸鶉 時人號爲東里百結先生 嘗慕榮啓期之爲人 以琴自隨 凡喜怒悲歡不平之事 皆以琴宣之 歲將暮 隣里舂粟 其妻聞杵聲曰 人皆有粟舂之 我獨無焉 何以卒歲 先生仰天嘆曰 夫死生有命 富貴在天 其來也不可拒 其往也不可追 汝何傷乎 吾爲汝 作杵聲以慰之 乃鼓琴作杵聲 世傳之 名爲碓樂 〈『三國史記』〉

글자 풀이

【狼】 이리 랑	【懸】 매달 현	【鶉】 매추라기 순
【啓】 열 계	【舂】 찧을 용	【杵】 절구공이 저
【拒】 막을 거	【慰】 위로할 위	【碓】 방아 대

▶ 참고

【狼山】: 산 이름. 경주에 있음.

【榮啓期】: 인명(人名). 열자천서편(列子天瑞篇)에 나오는 인물. 만물 중에서 사람으로 태어난 것과 남녀 중에서 남자로 태어난 것. 해와 달을 보지 못하거나 강보(襁褓)를 면하지 못하는 사람이 많은데 자기는 걸어 다닐 수 있는 것을 낙으로 삼았던 사람.

【碓樂】: 방아타령.

2) 溫達

溫達高句麗平岡王時人也 容貌龍鍾可笑 中心則睟然(睟 恐作曄) 家甚貧 常乞食以養母 破衫弊履 往來於市井間 時人目之爲愚溫達 平岡王少女兒好啼 王戱曰 汝常啼聒我耳 長必不得爲士大夫妻 當歸之愚溫達 王每言之 及女年二八 欲下嫁於上部高氏 公主對曰 大王常語 汝必爲溫達之婦 今何故改前言乎 匹夫猶不欲食言 況至尊乎 故曰王者無戱言 今大王之命謬矣 妾不敢祗承 王怒曰 汝不從我教 則固不得爲吾女也 安用同居 宜從汝所適矣 於是 公主以寶釧數十枚繫肘後 出宮獨行 路遇一人 問溫達之家 乃行至其家 見盲老母 近前拜問其子所在 老母對曰 吾子貧且陋 非貴人之所可近 今聞子之臭 芬馥異常 接子之手 柔滑如綿 必天下之貴人也 因誰之侜以至於此乎 惟我息不忍饑 取楡皮於山林 久而未還 公主出行 至山下 見溫達負楡皮而來 公主與之言懷 溫達悖然曰 此非幼女子所宜行 必非人也 狐鬼也 勿迫我也 遂行不顧 公主獨歸 宿柴門下 明朝更入 與母子備言之 溫達依違未決 其母曰 吾息至陋 不足爲貴人匹 吾家至窶 固不宜貴人居 公主對曰 古人言 一斗粟猶可舂 一尺布猶可縫 則苟爲同心 何必富貴然後可共乎 乃賣金釧 買得田宅奴婢牛馬器物 資用完具 初買馬 公主語溫達曰 愼勿買市人馬 須擇國馬病瘦而見放者 而後換之 溫達如其言 公主養飼甚勤 馬日肥且壯 高句麗常以春三月三日 會獵樂浪之丘 以所獲猪鹿 祭天及山川神 至其日王出獵 羣臣及五部兵士皆從 於是 溫達以所養之馬隨行 其馳騁常在前 所獲亦多 他無若者 王召來問姓名 驚且異之 時後周武帝出師伐遼東 王領軍逆戰於拜山之野 溫達爲先鋒 疾鬪斬數十餘級 諸軍乘勝奮擊大克 及論功 無不以溫達爲第一 王嘉歎之曰 是吾女壻也 備禮迎之 賜爵爲大兄 由此寵榮尤渥 威權日盛 及陽岡王卽位 溫達奏曰 惟新羅割我漢北之地爲郡縣 百姓痛恨 未嘗忘父母之國 願大王不以愚不肖 授之以兵 一

往必還吾地　王許焉　臨行誓曰　鷄立峴竹嶺以西不歸於我　則不返也　遂行與羅軍戰於阿旦城之下　爲流失所中　路而死　欲葬　柩不肯動　公主來撫棺曰死生決矣　於乎歸矣　遂擧而窆　大王聞之悲慟〈『三國史記』〉

글자 풀이

【弊】 헤질 폐　【履】 신 리　【啼】 울 제

【聒】 떠들썩할 괄　【嫁】 시집갈 가　【謬】 그릇될 류(유)

【祗】 공경할 지　【釧】 팔찌 천　【肘】 팔꿈치 주

【陋】 비루할 루　【芬】 향기로울 분　【馥】 향기 복

【滑】 매끄러울 활　【饑】 굶주릴 기　【楡】 느릅나무 유

【悖】 어그러질 패　【柴】 섶 시　【窶】 가난할 구

【縫】 기울 봉　【瘦】 파리할 수　【肥】 살찔 비

【獵】 사냥할 렵　【猪】 돼지 저　【馳】 말달릴 치

【騁】 말달릴 빙　【遼】 멀 요　【鋒】 칼끝 봉

【壻】 사위 서　【渥】 두터울 악　【返】 돌아올 반

【葬】 장사지낼 장　【柩】 널 구　【棺】 널 관

【窆】 하관할 폄

▶ 참고

【平岡王】: 고구려 제 25대 평원왕(平原王).

【龍鍾】: 아주 못나고 이상하게 생긴 것.

【安用同居】: '안(安)'은 의문부사. '용(用)'은 '이(以)'의 뜻. '어떻게 함께 살겠는가?'의 뜻.

【大兄】: 고구려의 관품(官品). 9등급의 관계(官階) 중 제5관.

【陽岡王】: 평강왕의 장자(長子)인 영양왕(嬰陽王).

【阿旦城】: 현재 서울 광장동 북쪽 아차산(峨嵯山).

3) 風流道 崔致遠

國有玄妙之道 曰風流 說敎之源 備詳仙史 實乃包含三敎 接化群生 且如入則孝於家 出則忠於國 魯司冠之旨也 虛無爲之事 行不信之敎 周柱史之宗也 諸惡莫作 諸善奉行 竺乾太子之化也『三國史記』〈鸞郞碑序〉

글자 풀이

【玄】 가물 현 【妙】 묘할 묘 【備】 갖출 비

【含】 먹음을 함 【接】 사귈 접 【枉】 굽을 왕

【竺】 대나무 축

▶ 참고

【崔致遠】: 신라 말의 학자이며 문장가. 자는 고운(孤雲) 또는 해운(海雲)이며 경주 사량부(沙梁部 또는 本彼部) 출신. 6두품 출신으로 12세에 당나라에 유학하여 빈공과에 급제하여 문명을 떨쳤다.

【魯司冠】: 춘추시대 노나라의 사구(司寇)벼슬을 지낸 공자(孔子)를 말한다.

【周柱史】: 춘추시대 도교의 시조인 노자(老子)를 말한다.

【竺乾太子】: 석가모니를 말한다.

4) 處容郞 望海寺

第四十九憲康大王之代 自京師至於海內 比屋連墻 無一草屋 笙歌不絶道路 風雨調於四時 於是 大王遊開雲浦(在鶴城西南 今蔚州) 王將還駕晝歇於汀過 忽雲霧冥曀 迷失道路 怪問左右 日官奏云 此東海龍所變也宜行勝事以解之 於是 勅有司爲龍刱佛寺近境 施令已出 雲開霧散 因名開雲浦 東海龍喜乃率七子 現於駕前 讚德獻舞奏樂 其一子隨駕入京 輔佐王政 名曰處容〈『三國遺事』〉

글자 풀이

【墻】 담 장	【笙】 생황 생	【鶴】 두루미 학
【蔚】 무성할 울	【駕】 멍에 가	【汀】 물가 정
【霧】 안개 무	【變】 변할 변	【勅】 조서 칙
【刱】 세울 창(創과 同字)	【率】 거느릴 솔	【讚】 기릴 찬
【獻】 바칠 헌		

▶ 참고

【蔚州】: 지금의 울산광역시의 중구지역을 지칭하던 행정 구역.

5) 詩話

侍中金富軾　學士鄭知常　文章齊名一世　兩人爭軋不相能　世傳知常有琳宮梵語罷　天色淨琉璃之句　富軾喜而索之　欲作己詩　終不許　後知常爲富軾所誅　作陰鬼　富軾一日詠春詩曰　柳色千絲綠　桃花萬點紅　忽於空中鄭鬼批富軾頰曰　千絲萬點　有誰數之也　何不曰柳色絲絲綠　桃花點點紅　富軾心頗惡之　後往一寺　偶登厠　鄭鬼從後　握陰囊問曰　不飮酒　何面紅　富軾徐曰　隔岸丹楓照面紅　鄭鬼緊握陰囊曰　何物皮囊子　富軾曰　汝父囊鐵乎　色不變　鄭鬼握囊尤力　富軾竟死於厠中〈白雲小說〉

글자 풀이

【軾】 수레 앞턱 식　【齊】 가지런할 제　【軋】 삐걱거릴 알
【琳】 아름다운 옥 임　【梵】 범어 범　【淨】 깨끗할 정
【琉】 유리 유　【璃】 유리 리(이)　【索】 찾을 색
【誅】 벨 주　【鬼】 귀신 귀　【批】 칠 비
【頰】 뺨 협　【頗】 자못 파　【偶】 짝 우(우연히)
【厠】 뒷간 측　【囊】 주머니 낭　【鐵】 쇠 철
【握】 쥘 악　【尤】 더욱 우　【竟】 마침내 경

▶ 참고

【金富軾】: 고려시대 정치가·문장가. 자는 입지(立之), 호는 뇌천(雷川).

【鄭知常】: 고려시대 문신· 호는 남호(南湖)·보노간은 서경(西京).

6) 鏡說　李奎報

居士有鏡一枚　塵埃侵蝕　掩掩如月之翳雲　然朝夕覽觀　似若飾容貌者　客見而問曰　鏡所以鑒形　不則君子對之　以取其淸　今吾子之鏡　濛如霧如　旣不可鑑其形　又無所取其淸　然吾子尙炤不已　豈有理乎　居士曰　鏡之明也　姸者喜之　醜者忌之　然姸者少　醜者多　若一見　必破碎後已　不若爲塵所昏　塵之昏　寧蝕其外　未喪其淸　萬一遇姸者　而後磨拭之　亦未晚也　噫　古之對鏡　所以取其淸　吾之對鏡　所以取其昏　子何怪哉　客無以對〈『東國李相國集』〉

글자 풀이

【鏡】 거울 경	【枚】 줄기 매	【蝕】 좀먹을 식
【翳】 그늘 예	【鑒】 볼 감	【濛】 흐릴 몽
【霧】 안개 무	【姸】 고울 연	【醜】 못생길 추
【拭】 닦을 식		

▶ 참고

【李奎報】: 고려시대 문신·문장가. 자는 춘경(春卿), 호는 백운거사(白雲居士)·백운산인(白雲山人)·지헌(止軒).

7) 孫抃

孫知樞抃廉按慶尙 人有弟與姊相訟者 弟曰 一女一兒 爲同産 何姊獨得父母之財 而兒無其分耶 姊曰 父臨亡 擧家産付我 汝所得者 緇衣冠各一 繩鞋一兩 紙一卷而已 父契具存 胡可違也 訟之積年未決 公召二人至前問曰 若父歿時 母安在 曰 先歿 若等於時 年各幾何 曰 姊有家矣 弟髫齔耳 公因諭之曰 父母之心 於兒女均也 夫豈厚於長年有家之女 而薄於無母髫齔之兒耶 顧兒之所賴者姊也 若遺財與姊等 恐其愛之或不至養之或不全耳 兒旣長 則用此紙作狀 服緇衣冠 履繩鞋 以告於官 將有能辨之者 其獨遺四物者 意蓋如此 二人者聞而感悟 相對而泣 公遂中分而與之〈『櫟翁稗說』〉

글자 풀이

【廉】 청렴할 염　【姊】 누이 자　【訟】 송사할 송
【緇】 검은 비단 치　【繩】 새끼 승　【鞋】 신 혜
【契】 맺을 계　【胡】 어찌 호　【違】 어길 위
【積】 쌓을 적　【歿】 죽을 몰　【髫】 다박머리 초
【齔】 깨물 흘　【諭】 깨우칠 유　【薄】 엷을 박
【顧】 돌아볼 고　【賴】 힘입을 뇌　【辨】 분별할 변

▶ 참고

【櫟翁稗說】: 고려 말 익재 이제현(李齊賢)이 1342년에 저술한 시화집.

8) 訓民正音序　鄭麟趾

有天地自然之聲 則必有天地自然之文 所以古人 因聲制字 以通萬物之情 以載三才之道 而後世 不能易也 然四方風土區別 聲氣亦隨而異焉 盖外國之語 有其聲而無其字 假中國之字 以通其用 是猶枘鑿之鉏鋙也 豈能達而無礙乎 要皆各隨所處而安 不可强之使同也 吾東方禮樂文物 侯擬中夏 但方言俚語 不與之同 學書者 患其旨趣之難曉 治獄者 病其曲折之難通 昔新羅薛聰 始作吏讀 官府民間 至今行之 然皆假字而用 或澁或窒 非但鄙陋無稽而已 至於言語之間 則不能達其萬一焉 癸亥冬 我殿下創制正音二十八字 略揭例義以示之 名之曰訓民正音 象形而字倣古篆 因聲而音協七調 三極之義 二氣之妙 莫不該括以二十八字 而轉換無窮 簡而要精而通 故智者 不崇朝而通 愚者 可浹旬而學 以是解書 可以知其義 以是聽訟 可以得其情 字韻 則淸濁之能辨 樂歌 則律呂之克諧 無所用而不備 無所往而不達 雖風聲鶴唳 鷄鳴狗吠 皆可得而書矣 遂命臣等 詳加解釋 以喩諸人 庶使觀者 不師而自悟 若其淵源精義之妙 則非臣等之所能發揮也 恭惟我殿下天縱之聖 制度施爲 超越百王 正音之作 無所祖述 而成於自然 豈以其至理之無所不在 而非人爲之私也 夫東方有國 不爲不久而開物成務之大智 蓋有待於今日也歟〈『世宗實錄』〉

글자 풀이

【訓】 가르칠 훈
【隨】 따를 수
【枘】 장부 예
【鋙】 어긋날 어
【俚】 속될 이(리)
【獄】 옥 옥
【窒】 막을 질
【揭】 들 게
【篆】 전자 전
【調】 고를 조
【浹】 두루미칠 협
【訟】 송사할 송
【呂】 음률 여(려)
【唳】 울 여(려)
【喩】 깨우칠 유
【制】 만들 제
【異】 다를 이
【鑿】 뚫을 착
【礙】 꺼릴길 애
【趣】 달릴 취
【聰】 귀밝을 총
【鄙】 인색할 비
【例】 법식 예(례)
【協】 화합할 협
【極】 다할 극
【旬】 열흘 순
【濁】 흐릴 탁
【諧】 화할 해
【吠】 짖을 폐
【揮】 휘두를 휘
【載】 실을 재
【假】 빌릴 가
【鉏】 호미 서
【擬】 헤아일 의
【曉】 새벽 효
【澁】 떫을 삽
【稽】 머무를 계
【倣】 본뜰 방
【該】 그 해
【括】 묶을 괄
【解】 풀 해
【律】 법 율(률)
【鶴】 학 학
【詳】 자세할 상
【施】 베풀 시

▶ 참고

【鄭麟趾】: 조선 초기의 학자. 자는 백저(伯雎). 호는 학역재(學易齋).

【三才】: 천(天) · 지(地) · 인(人)을 말함.

【鉏鋙】: 서로 어긋남.

【七調】: 일곱가지 음(音)으로 궁(宮) · 상(商) · 각(角) · 치(徵) · 우(羽) · 반치(半徵) · 반상(半商)을 말함.

【三極】: 삼재(三才)와 같음.

【開物成務】: 사람이 알지 못하는 바를 개발하고 이루려고 하는 바를 이루어서 완전하게 함.

V. 韓·中 名詩選

1. 中國詩

1) 飮酒　陶淵明

結廬在人境	而無車馬喧
問君何能爾	心遠地自偏
採菊東籬下	悠然見南山
山氣日夕佳	飛鳥相與還
此中有眞意	欲辨已忘言

글자 풀이

【廬】 오두막집 려　【喧】 시끄러울 훤　【爾】 너 이
【偏】 치우칠 편　【採】 캘 채　【籬】 울타리 이
【悠】 아득할 유

▶ 참고

【陶淵明】: 동진(東晉)의 자연시인. 명(名)은 잠(潛). 자(字)는 연명(淵明).
시호(諡號)는 정절(靖節).

2) 春曉　孟浩然

春眠不覺曉　　處處聞啼鳥

夜來風雨聲　　花落知多少

3) 鹿柴　王維

空山不見人　　但聞人語響

返景入深林　　復照青苔上

글자 풀이

【曉】 새벽 효　　【眠】 잘 면　　【鹿】 사슴 록

【柴】 섶 시　　【響】 소리 향　　【返】 돌아올 반

【苔】 이끼 태

▶ 참고

【孟浩然】: 중국 성당(盛唐)의 시인. 호북(湖北) 양양인(襄陽人). 왕유와 함께 '왕맹' 이라고도 불리며 산수자연파의 시인으로 알려졌음.

【王維】: 자는 마힐(摩詰). 시(詩) · 서(書) · 화(畵)에 모두 능했음.

【鹿柴】: 망천(輞川) 20경(景)의 하나. 왕유의 별장이 있던 곳.

4) 黃鶴樓　崔顥

昔人已乘黃鶴去　　此地空餘黃鶴樓
黃鶴一去不復返　　白雲千載空悠悠
晴川歷歷漢陽樹　　芳草萋萋鸚鵡州
日暮鄕關何處是　　煙波江下使人愁

5) 靜夜思　李白

床前明月光　　疑是地上霜
擧頭望明月　　低頭思故鄕

6) 絶句　杜甫

江碧鳥逾白　　山靑花欲然
今春看又過　　何日是歸年

글자 풀이

【靜】 고요할 정　【床】 평상 상　【霜】 서리 상
【擧】 들 거　【碧】 푸를 벽　【逾】 넘을 유
【然】 불탈 연 (燃과 통용)　【看】 볼 간　【歸】 돌아갈 귀

▶ 참고

【李白】: 성당(盛唐)의 시인. 자(字)는 태백(太白). 호(號)는 청련거사(靑蓮居士).

7) 楓橋夜泊　張繼

月落烏啼霜滿天	江楓漁火對愁眠
姑蘇城外寒山寺	夜半鐘聲到客船

8) 對酒　白居易

蝸牛角上爭何事	石火光中寄此身
隨富隨貧且歡樂	不開口笑是癡人

글자 풀이

【楓】 단풍나무 풍　【泊】 배댈 박　【啼】 울 제
【愁】 근심 수　【姑】 잠시 고　【蘇】 차조기 소
【船】 배 선　【蝸】 달팽이 와　【寄】 부칠 기
【隨】 따를 수　【癡】 어리석을 치

▶ 참고

【張繼】: 당의 시인. 자(字)는 의손(懿孫).

【姑蘇城】: 중국 춘추시대(春秋時代) 오(吳)나라의 서울. 지금의 소주(蘇州).

【寒山寺】: 소주(蘇州) 서쪽 교외에 있는 절.

【白居易】: 중당(中唐)의 시인. 자(字)는 낙천(樂天). 호(號)는 향산(香山).

【蝸牛角上】: 좁은 곳에서 별 것도 아닌 일로 다툰다는 뜻. 와우는 달팽이라는 뜻이며, 달팽이의 오른쪽 뿔 위에 있는 만씨(蠻氏)의 나라와 왼쪽 뿔 위의 촉씨(觸氏)의 나라가 서로 상대방의 땅을 빼앗기 위하여 다투고 수많은 전사자를 냈다고 하는 『장자(莊子)』 <칙양편(則陽篇)>의 우화에서 나온 말이다.

9) 江雪　柳宗元

千山鳥飛絶　　萬徑人蹤滅
孤舟蓑笠翁　　獨釣寒江雪

10) 尋隱者不遇　賈島

松下問童子　　言師采藥去
只在此山中　　雲深不知處

글자 풀이

【絶】 끊을 절	【徑】 지름길 경	【蹤】 자취 종
【滅】 멸할 멸	【蓑】 도롱이 사	【笠】 삿갓 립
【釣】 낚시할 조	【尋】 찾을 심	【隱】 숨을 은
【遇】 만날 우	【采】 캘 채	

▶ 참고

【柳宗元】: 중당의 시인. 자(字)는 자후(子厚). 유주자사(柳州刺史)를 지내 유유주(柳柳州)라 부름.

【賈島】: 중당의 시인. 범양(范陽) 사람. 자(字)는 낭선(浪仙). 처음에는 승(僧)으로 무본(無本)이라 이름하였으나 환속(還俗)하였다. 한유(韓愈)와의 퇴고(推敲)라는 고사가 있다.

11) 山行　杜牧

遠上寒山石徑斜　白雲生處有人家
停車坐愛楓林晩　霜葉紅於二月花

12) 春夜　蘇軾

春宵一刻直千金　花有淸香月有陰
歌管樓臺聲細細　鞦韆院落夜沈沈

글자 풀이

【徑】 지름길 경	【斜】 비낄 사	【停】 머무를 정
【晩】 늦을 만	【霜】 서리 상	【宵】 밤 소
【刻】 새길 각	【管】 피리 관	【細】 가늘 세

▶ 참고

【杜牧】 : 만당(晩唐)의 시인. 자(字)는 목지(牧之). 시풍이 두보(杜甫)와 비슷했던 까닭에 소두(小杜)라고 일컫는다.

【蘇軾】 : 송(宋)의 시인. 자(字)는 자첨(子瞻), 호는 동파(東坡). 당송팔대가 중의 한 사람.

【鞦韆】 : 추천. 그네놀이.

2. 韓國詩

1) 遺隋將于仲文　乙支文德

神策究天文	妙算窮地理
戰勝功旣高	知足願云止

2) 秋夜雨中　崔致遠

秋風惟苦吟	世路少知音
窓外三更雨	燈前萬里心

글자 풀이

【策】 채찍 책	【究】 연구할 구	【妙】 묘할 묘
【算】 셀 산	【旣】 이미 기	【云】 말할 운
【吟】 읊을 음	【窓】 창 창	【燈】 등불 등

▶ 참고

【乙支文德】: 고구려 명장(名將).

【崔致遠】: 신라 말의 문장가. 호는 고운(孤雲).

3) 使宋過泗州龜山寺　朴寅亮

巉巖怪石疊成山　　上有蓮坊水四環
塔影倒江翻浪底　　磬聲搖月落雲間
門前客棹洪濤疾　　竹下僧碁白日閑
一奉皇華堪惜別　　更留詩句約重攀

4) 大洞江　鄭知常

雨歇長堤草色多　　送君南浦動悲歌
大洞江水何時盡　　別淚年年添綠波

글자 풀이

【泗】 물이름 사	【巉】 가파를 참	【巖】 바위 암
【怪】 기이할 괴	【疊】 겹쳐질 첩	【蓮】 연꽃 연(련)
【環】 고리 환	【塔】 탑 탑	【影】 그림자 영
【倒】 넘어질 도	【翻】 날 번	【磬】 경쇠 경
【搖】 흔들릴 요	【棹】 노 도	【濤】 큰 물결 도
【碁】 바둑 기	【堪】 견딜 감	【惜】 아낄 석
【留】 머무를 유(류)	【攀】 오를 반	【歇】 다할 헐
【堤】 둑 제	【浦】 물가 포	【淚】 눈물 루

5) 山居　李仁老

春去花猶在　　天晴谷自陰
杜鵑啼白晝　　始覺卜居深

6) 詠井中月　李奎報

山僧貪月色　　幷汲一甁中
到寺方應覺　　甁傾月亦空

글자 풀이

【猶】 오히려 유	【晴】 갤 청	【鵑】 두견이 견
【啼】 울 제	【晝】 낮 주	【覺】 깨달을 각
【深】 병 병	【詠】 읊을 영	【貪】 탐할 탐
【汲】 물길을 급	【甁】 병 병	【傾】 기울어질 경

▶ 참고

【李仁老】: 고려 명종 때 문인.

【李奎報】: 고려의 문신. 자는 춘경(春卿). 호는 백운거사(白雲居士)

7) 漁翁　金克己

天翁尙不貰漁翁　　故遣江湖少順風
人世嶮巇君莫笑　　自家還在急流中

8) 野步　陳澕

小梅零落柳僛垂　　閑踏靑嵐步步遲
魚店閉門人語少　　一江春雨碧絲絲

글자 풀이

【漁】 고기잡을 어　【翁】 늙은이 옹　【貰】 세낼 세
【嶮】 험할 험　【巇】 험준할 희　【急】 급할 급
【零】 조용히 오는 비 령　【落】 떨어질 낙　【僛】 취하여 춤추는 모양 기
【踏】 밟을 답　【嵐】 남기 남(람)　【遲】 늦을 지
【嗔】 성낼 진

▶ 참고

【金克己】: 고려의 시인. 호는 노봉(老峰)

【陳澕】: 고려의 문신. 시인. 호는 매호(梅湖).

9) 山中雪夜　李齊賢

紙被生寒佛燈暗　　沙彌一夜不鳴鍾
應嗔宿客開門早　　要看庵前雪壓松

10) 浮碧樓　李穡

昨過永明寺　　暫登浮碧樓
城空月一片　　石老雲千秋
麟馬去不返　　天孫何處遊
長嘯依風磴　　山靑江自流

글자 풀이

【被】 이불 피	【暗】 어두울 암	【彌】 두루 미
【嗔】 꾸짖을 진	【庵】 암자 암	【壓】 누를 압
【浮】 뜰 부	【碧】 푸를 벽	【暫】 잠깐 잠
【麟】 기린 린	【嘯】 휘파람불 소	【磴】 돌비탈길 등

▶ 참고

【李齊賢】: 고려의 문신. 학자. 시인. 호는 익재(益齋) · 역옹(櫟翁).

【李穡】: 고려 말의 학자. 시인. 자는 영숙(穎叔). 호는 목은(牧隱).

11) 征婦怨　鄭夢周

一別年多消息稀　　塞垣存沒有誰知
今朝始寄寒衣去　　泣送歸時在腹兒

12) 夏日卽事　徐居正

小晴簾幕日暉暉　　短帽輕衫暑氣微
解籜有心仍雨長　　落花無力受風飛
久拚翰墨藏名姓　　已厭簪纓惹是非
寶鴨香殘初睡覺　　客僧來少燕頻歸

글자 풀이

【征】 칠 정	【婦】 며느리 부	【怨】 원망할 원
【消】 사라질 소	【稀】 드물 희	【塞】 변방 새
【垣】 담 원	【沒】 다할 몰	【誰】 누구 수
【寄】 부칠 기	【寒】 찰 한	【腹】 배 복
【簾】 발 렴(염)	【幕】 막 막	【暉】 빛 휘
【帽】 모자 모	【衫】 적삼 삼	【微】 작을 미
【籜】 대 꺼풀 탁	【拚】 칠 변	【墨】 먹 묵
【藏】 감출 장	【簪】 비녀 잠	【纓】 갓끈 영
【惹】 이끌 야	【寶】 보배 보	【鴨】 오리 압
【睡】 잘 수	【燕】 제비 연	【頻】 자주 빈

13) 乍晴乍雨　金時習

乍晴乍雨雨還晴　　天道猶然況世情
譽我便應還毁我　　逃名却自爲求名
花開花謝春何管　　雲去雲來山不爭
寄語世人須記憶　　取歡無處得平生

14) 訪曹處士山居　朴淳

醉睡仙家覺後疑　　白雲平壑月沈時
翛然獨立脩林外　　石逕筇音宿鳥知

글자 풀이

【乍】 잠깐 사	【晴】 맑을 청	【毁】 비방할 훼
【逃】 달아날 도	【却】 물리칠 각	【管】 피리 관
【憶】 생각할 억	【訪】 찾을 방	【醉】 취할 취
【壑】 골짜기 학	【翛】 날개치는 소리 소	【脩】 마를 수
【逕】 소로 경	【筇】 대 이름 공	【宿】 잠잘 숙

▶ 참고

【金時習】: 조선의 생육신(生六臣)의 한 사람. 자(字)는 열경(悅卿). 호(號)는 매월당(梅月堂)·동봉(東峰).

【朴淳】: 조선의 문신. 자(字)는 화숙(和叔). 호(號)는 사암(思菴).

15) 弘慶寺　白光勳

秋草前朝寺　　殘碑學士文
千年有流水　　落日見歸雲

16) 大隱巖南止亭古宅　崔慶昌

門前車馬散如烟　　相國繁華未百年
村巷寥寥寒食過　　茱萸花發古墻邊

17) 山寺　李達

寺在白雲中　　白雲僧不掃
客來門始開　　萬壑松花老

글자 풀이

【弘】 잠깐 사	【殘】 쇠잔할 잔	【碑】 비석 비
【繁】 비방할 훼	【巷】 쇠잔할 잔	【廖】 달아날 도
【茱】 물리칠 각	【萸】 피리 관	【墻】 부칠 기

▶ 참고

【白光勳】: 조선의 시인. 자는 창경(彰卿). 호는 옥봉(玉峰).

【崔慶昌】: 조선의 시인. 자는 가운(嘉運). 호는 고죽(孤竹).

【李達】: 조선의 시인. 자는 익지(益之). 호는 손곡(蓀谷).

18) 閨怨　林悌

十五越溪女	羞人無語別
歸來掩重門	泣向梨花月

19) 途中　權韠

日入投孤店	山深不掩扉
鷄鳴問前路	黃葉向人飛

글자 풀이

【閨】 안방 규　【越】 월나라 월　【羞】 부끄러워할 수

【掩】 가릴 엄　【泣】 울 읍　【梨】 배나무 리(이)

【途】 길 도　【投】 던질 투　【扉】 문짝 비

【鷄】 닭 계　【葉】 입 엽

▶ 참고

【林悌】: 조선의 문인. 자는 자순(子順). 호는 백호(白湖) · 겸재(謙齋).

【權韠】: 조선의 문인. 자는 여장(汝章). 호는 석주(石洲).

20) 西京次鄭知常韻　申緯

急管催觴離思多　不成沈醉不成歌

天生江水西流去　不爲情人東倒波

21) 聞義兵將安重根報國讎事　金澤榮

平安壯士目雙張　快殺邦讎以殺羊

未死得聞消息好　狂歌亂舞菊花傍

글자 풀이

【管】 대롱 관　【催】 재촉할 최　【觴】 술잔 상

【離】 이별할 리　【沈】 잠길 침　【醉】 취할 취

【倒】 넘어질 도　【讎】 원수 수　【雙】 둘 쌍

【張】 베풀 장　【快】 쾌할 쾌　【邦】 나라 방

【消】 사라질 소　【息】 숨쉴 식　【狂】 미칠 광

【舞】 춤출 무　【傍】 곁 방

▶ 참고

【申緯】: 조선의 문신. 시인. 서화가. 자는 한수(漢叟). 호는 자하(紫霞).

【金澤榮】: 조선의 학자. 자는 우림(于霖). 호는 창강(滄江).

Ⅵ. 漢字成語

家和萬事成(가화만사성) : 집이 화목해야 모든 일이 잘 됨.

刻舟求劍(각주구검) : 초나라 사람이 배를 타고 강을 건너다가 칼을 물 속에 빠뜨리고 뱃전에 표시를 하여 나중에 그 칼을 찾고자 한 고사. 눈앞에 보이는 당장의 것만 알 뿐 시세의 방향이나 변동을 모르는 어리석음.(『여씨춘추(呂氏春秋)』〈찰금편(察今篇)〉)

甘言利說(감언이설) : 상대의 비위에 맞도록 꾸민 달콤한 말과 이로운 조건을 내세워 꾀는 말.

去者日疎(거자일소) : 떠난 사람은 나날이 멀어짐.

結草報恩(결초보은) : 은혜를 잊지 않고 갚음. 진(晉) 위무자(魏武子)의 아들 과(顆)가 아버지의 유언과 달리 서모(庶母)를 개가(改嫁)시켰는데, 후일 진(秦) 두회(杜回)와의 싸움에서 위태로울 때 서모 아비의 혼령이 노인으로 나타나 풀을 잡아매어 구해주었다는 고사.

輕擧妄動(경거망동) : 경솔하고 망령되게 행동함.

輕裘緩帶(경구완대) : 가벼운 옷과 느슨한 띠. 즉 편한 옷차림.

敬老孝親(경로효친) : 노인을 공경하고 어버이에 효도함.

鷄口牛後(계구우후) : 닭의 부리가 될지언정 소의 꼬리는 되지 말라. 전국(戰國) 소진(蘇秦)의 고사.

鷄肋(계륵) : 닭의 갈비는 먹을 만한 살이 붙어있지 않지만 버리기도 아까움. 후한(後漢) 조조(曹操)와 양수(楊修)의 고사.

枯木生花(고목생화) : 마른 나무에 꽃이 핀다.

鼓腹擊壤(고복격양) : 배를 두드리고 땅을 치면서 박자를 맞춰 흥겹게 노래함. 太平聖代(태평성대). 요(堯)의 고사.

苦盡甘來(고진감래) : 고생이 다하면 즐거움이 온다.

高枕安眠(고침안면) : 베개를 높이 하고 편히 잠을 잠. 근심·걱정 없이 한가로이 살아감. 장의(張儀)가 위(魏)의 애왕(哀王)에게 합종을 포기하고 연횡책을 따를 것을 강박하여 진(秦), 위(魏)가 화친한 고사.

過而不改(과이불개) : 잘못하고도 고치지 않는 것이야말로 잘못임.(『논어(論語)』〈위령공편(衛靈公篇)〉)

管鮑之交(관포지교) : 관중(管仲)과 포숙아(鮑叔牙)의 사귐과 같이 서로에 대한 믿음과 의리가 변치 않는 두터운 교우관계.

九折羊腸(구절양장) : 산길 따위가 양의 창자처럼 몹시 구불구불함.

群鷄一鶴(군계일학) : 닭 무리에 끼어있는 한 마리의 학. 평범한 사람들 가운데 뛰어난 사람. 죽림칠현(竹林七賢) 중 한 사람인 혜강(嵇康)의 아들 혜소(嵇紹)의 고사.

群盲評象(군맹평상) : 여러 명의 장님이 코끼리의 일부를 만져보고 평함. 사물을 자기 주관과 좁은 소견으로 그릇 판단함. 한 부분으로 전체를 판단하여 오류를 범함. 인도(印度)의 경면왕(鏡面王)이 장님을 궁중에 모아 코끼리를 만져보게 하고 차례로 말하게 한 고사. 코끼리는 부처님을, 장님은 중생을 비유함.

權不十年(권불십년) : 아무리 좋은 세도라도 십년을 버티기 힘들다. 화무십일홍(花無十日紅)과 유사한 뜻.

捲土重來(권토중래) : 흙먼지를 일으키며 다시 돌아옴. 한번 패한 뒤 세력을 회복하여 쳐들어옴.(두목(杜牧) 〈제오강정시(題烏江亭詩)〉)

龜鑑(귀감) : 거북과 거울. 거북의 등껍질은 점을 치는 재료, 거울은 스스로를 비추어 반성할 수 있는 도구. 자주 바라보면서 자신을 가다듬을 수 있는 본보기.

金城湯池(금성탕지) : 주변을 끓는 물의 연못으로 둘러친 철벽같은 성. 적의 공격에 대한 방비가 아주 견고함. 진말(秦末) 반란과 소요가 일자 괴통(蒯通)이 범양(范陽) 현령(縣令) 서공(徐公)에게 무신군(武信君)을 찾아가 의탁하기를 권한 고사.

琴瑟(금슬) : 거문고와 비파. 조화로운 부부관계. 금슬지락(琴瑟之樂)의 준말. 거문고는 신농(神農)씨가, 비파(琵琶)는 복희(伏羲)씨가 만들었다고 전해지는데 비유하자면 이 두 악기를 남녀가 나누어 갖고 어떤 음악을 만들어낼까 모색하는 것이 결혼생활의 긴 여정이라 할 수 있음.

金枝玉葉(금지옥엽) : 금으로 만든 나뭇가지와 옥으로 만든 나뭇잎. 본래는 왕의 가족, 자손을 가리키는 존칭. 지금은 소중하고 귀엽게 여기는 자손의 통칭.

杞憂(기우) : 쓸데없이 걱정하는 태도나 무익한 근심. 기(杞)나라에 하늘이 무너지고 땅이 꺼질 것을 근심한 사람이 있었다는 고사.(『열자(列子)』)

騎虎之勢(기호지세) : 호랑이를 타고 달리는 듯한 기세. 중도에서 그만 둘 수 없는 형세. 중도에 내리게 되면 호랑이 밥이 되므로 호랑이와 함께 가는 데까지 갈 수밖에 없는 처지. 북주(北周) 선제(宣帝) 때 재상이던 양견(楊堅)의 아내가 양견을 고무(鼓舞)하여 수(隋)나라를 세워 문제(文帝)로 즉위하게 한 고사.

難兄難弟(난형난제) : 사물의 낫고 못함을 분간하기 어려움. 후한말(後漢末) 진식(陳寔)의 두 아들 기(紀), 심(諶) 형제가 서로 낫고 못함이 없이 모두 뛰어났던 고사.

男女七歲不同席(남녀칠세부동석) : 남자와 여자는 나이가 일곱 살이 되면 자리를 같이 하지 아니함.(『예기(禮記)』〈내칙(內則)〉)

男負女戴(남부여대) : 남자는 등에 지고 여자는 머리에 인다는 뜻으로 가난한 사람들이나 재난을 당한 사람들이 살 곳을 찾아 이리저리 떠돌아다님.

老馬之智(노마지지) : 늙은 말의 지혜. 경험이 풍부하고 숙달된 지혜. 관중(管仲)의 고사.

壟斷(농단) : 본래 뜻은 깎아지른 듯이 높이 솟은 언덕. 시장에서 좋은 자리를 차지하고 이익을 혼자 독점함. 높다란 언덕(농단)에 자리 잡아서 시장의 전체 형세를 살펴가며 장사를 하여 시장의 이익을 독점한 사나이가 있어서 그 교활한 행동을 미워하여 세금을 걷기로 하니 이것이 장사꾼에게 처음 세금을 부과한 것이다.(『맹자(孟子)』)

多多益善(다다익선) : 많으면 많을수록 좋음. 한신(韓信)과 한고조(漢高祖) 유방(劉邦)의 고사.

簞食瓢飮(단사표음) : 한 소쿠리의 밥과 한 표주박의 물. 청빈한 생활에 만족함의 비유.(『논어(論語)』〈선진(先進)〉)

斷腸(단장) : 창자가 끊어지듯 견딜 수 없이 슬픔. 동진(東晋) 환온(桓溫)의 부하가 삼협(三峽)을 지나다가 새끼 원숭이를 잡으니 어미 원숭이가 울며 따라와 죽었는데 창자가 다 끊어졌다는 고사.(『세설신어(世說新語)』〈출면(黜免)〉)

螳螂拒轍(당랑거철) : 사마귀가 앞다리를 벌리고 수레바퀴를 막음. 제(齊) 장공(莊公)이 수레에 덤비는 사마귀를 피해가도록 한 고사.

大巧若拙(대교약졸) : 훌륭한 기교는 오히려 졸렬한 듯 보인다.(『노자(老子)』)

大器晩成(대기만성) : 큰 그릇이 늦게 완성됨. 남달리 뛰어난 인물은 보통

사람보다 늦게 대성(大成)함.

大義滅親(대의멸친) : 국가나 사회의 대의를 위해서는 친족의 정(情)도 버림. 춘추(春秋) 위(魏) 석작(石碏)의 고사.

大丈夫(대장부) : 기개가 있는 뛰어난 남자.(『맹자(孟子)』)

塗炭(도탄) : 진구렁에 빠지고 불에 타는 듯함. 극도로 곤궁함. 은(殷)나라 탕왕(湯王)이 걸(桀)을 멸하고 혁명에 성공한 뒤 자책하자 중훼(仲虺)가 탕왕에게 고한 고사.

同價紅裳(동가홍상) : 같은 값이면 다홍치마. 기왕이면 모양이 좋은 것이 나음.

同病相憐(동병상련) : 같은 병을 앓는 사람끼리 서로 가엾게 여김. 어려운 처지에 있는 사람끼리 서로 동정(同情)하고 도움. 전국시대(戰國時代) 초(楚)나라 비무기(費無忌)의 모함에 아버지를 잃은 오자서(伍子胥)가 같은 처지의 백비를 천거하고 신임한 고사.

杜門不出(두문불출) : 집안에만 틀어박혀 세상 밖에 나다니지 아니함. 이성계가 역성혁명(易姓革命)을 일으킨 뒤 고려의 유신 72명이 개풍군 두문동(杜門洞)에 들어가 죽을 때까지 나오지 아니한 고사.

斗酒不辭(두주불사) : 말술도 사양하지 아니함. 주량이 매우 큼. 홍문지회(鴻門之會)에서 유방(劉邦)의 부하 번쾌(樊噲)가 선 채로 한 말의 술을 단숨에 마시고 방패 위에 생 돼지 다리를 썰어서 안주하는 기개를 보여 위기에 처한 유방을 구출한 고사.

得隴望蜀(득롱망촉) : 후한 광문제(光武帝)가 농(隴) 땅을 평정한 뒤 다시 촉(蜀) 땅까지 원했다는 고사. 만족할 줄 모르고 계속 욕심을 부림.

登龍門(등용문) : 용문(龍門)에 오름. 입신출세(立身出世)의 어려운 관문(關門)을 비유적으로 이름. 용문은 황하 중류의 급류가 흐르는 곳인데 산란을 위해 이곳을 거슬러 올라가는 잉어는 한 해에 70여 마리에 불과하며, 이 곳을 오르는 잉어는 용이 된다는 전설이 전해짐. 한(漢) 이응(李膺)의 고사.

燈火可親(등화가친) : 가을의 서늘한 기운이 더위에 시달려 해이해진 정신을 가다듬고 독서하기에 좋은 계절임을 이르는 말.(한유(韓愈) 〈부독서성남시(符讀書城南詩)〉)

梁上君子(양상군자) : 대들보 위의 군자. 도둑. 천정의 쥐. 후한 (後漢) 진식(陳寔)의 고사.

良藥苦口(양약고구) : 좋은 약은 입에 쓰다. 장량(張良)이 유방(劉邦)에게 충간(忠諫)한 고사.(『사기(史記)』 : 〈공자가어(孔子家語)〉)

離合集散(이합집산) : 이해득실(利害得失)에 따라 헤어졌다가 모였다가 하는 일.

馬耳東風(마이동풍) : 남의 비평이나 의견을 조금도 귀담아 듣지 않고 곧 흘려버림.

莫上莫下(막상막하) : 위도 없고 아래도 없음. 더 좋고 더 나쁨에 차이가 없음. 우열을 가리기 어려움.

萬全之策(만전지책) : 완전한 계책, 대책. 조조(曹操)가 원소(袁紹)와 관도(官渡)에서 대치하였을 때 형세가 불리함에 형주(荊州)의 유표(劉表)에게 도움을 청하게 되자 유표의 신하들이 후일을 보고 조조를 돕는 것이 만전지책이라 하였음.(『삼국지(三國志)』)

明眸皓齒(명모호치) : 눈동자가 맑고 이가 희다. 미인의 형용.(조식(曹植) 〈낙신부(洛神賦)〉 : 두보(杜甫) 〈애강두(哀江頭)〉)

毛遂自薦(모수자천) : 모수(毛遂)가 자기 자신을 천거함. 조(趙) 평원군(平原君)이 강국인 초(楚)에 담판하러 가게 되어 자기의 식객 중 스무 명을 수행원으로 선발하던 때의 고사.

木鐸(목탁) : 나무로 만든 방울. 춘추시대 나라에서 무사(武事)에 대한 명령을 내릴 때에는 쇠방울을 울렸고, 문고(文敎)에 관한 명령을 내릴 때에는 목탁을 울렸다고 함. 세상 사람을 가르쳐 바로 이끌만한 사람. 공자가 노(魯)의 사구(司寇)를 그만두고 여행길에 올라 위나라 의(儀)마을에서 관문지기를 만난 고사.

無辜(무고) : 아무 죄가 없음.

武陵桃源(무릉도원) : 이 세상과 따로 떨어진 별천지(別天地). 무릉은 동정호에서 멀지 않은 곳이고, 도원(桃源)은 복숭아꽃이 흘러나오는 환상(幻想)의 수원지. 사람들이 화목하고 행복하게 살 수 있는 이상향(理想鄕). 진(晉)나라 무릉(武陵)의 한 어부가 복숭아꽃이 흐드러진 계곡을 배를 저어가다가 우연히 별천지에 도달하여 500년쯤 전 진(秦)나라 때의 난리를 피해와 평화롭게 살고 있는 사람들을 만나고 돌아왔으나 다시는 그곳을 찾을 수 없었다는 고사.(도연명(陶淵明) 〈도화원기(桃花源記)〉)

墨守(묵수) : 묵적(墨翟)의 지킴. 굳건히 성을 지킨다는 뜻이었는데, 현재는 융통성 없이 의견이나 주장을 굳게 지킨다는 뜻으로 쓰인다. 초(楚)의 공수반(公輸盤)이 운제(雲梯 :성을 치는 사다리)를 새로 만들어 송(宋)을 공격하려 하자 묵자(墨子)가 기선을 제압하고자 초에 가서 초왕(楚王)과 담판하면서, 허리띠를 풀어 성을 만들고 나무패로 성벽을 쌓아 공수반이 모형 운제로 아홉 번을 공격하게 하고 이를 잘 막아내어 담판을 성사시킨 고사.

彌縫(미봉) : 터진 곳을 임시로 얽어맴. 빈구석이나 잘못된 것을 임시변통으로 이리저리 주선하여 꾸며댐.

百年河淸(백년하청) : 황하(黃河)는 언제나 흐려 백년을 기다려도 맑아지지 아니함. 『춘추(春秋)』 정(鄭) 자사(子駟)의 고사.

伯樂一顧(백락일고) : 명마(名馬)가 말을 잘 감정하는 백락(伯樂)을 만나 세상에 알려지게 됨. 알아주는 사람이 있어야 능력을 발휘할 수 있게 됨. 백락이 말을 한 번 감정함에 값이 십 배가 뛰었다는 고사.

百聞不如一見(백문불여일견) : 백 번 듣는 것이 한 번 보는 것만 못하다.

白眉(백미) : 여럿 중에 가장 뛰어난 것. 마씨(馬氏) 집 다섯 형제가 모두 뛰어났는데 그 중에서도 하얀 눈썹의 마량(馬良)이 가장 훌륭했다는 고사.(『삼국지(三國志)』 마량전(馬良傳))

白眼視(백안시) : 어떤 사람이 몹시 싫어 흘겨보는 것, 또는 냉정한 눈초리로 바라보는 것. 죽림칠현 중 완적(阮籍)의 고사.

法三章(법삼장) : 세 조목의 법. 살(殺), 상(傷), 도(盜)만을 죄로 삼던 간략한 규칙. 유방(劉邦)이 진(秦)의 함양(咸陽)에 입성(入城)하여 번쾌(樊噲), 장량(張良)의 충언을 받아들여 진의 악법을 모두 폐지하고 법삼장만 시행한 고사.

病入膏肓(병입고황) : 병이 중태에 빠져 완치될 가망이 없음. 고(膏)는 가슴 밑의 작은 비계이고, 황(肓)은 가슴 위의 엷은 막인데, 병이 그 속에 들어가면 낫기 어려움. 춘추시대 진(晋) 경공(景公)이 고황에 병이 들어 죽게 된 고사.

覆水不收(복수불수) : 엎지른 물은 다시 담을 수 없음. 이혼한 부부는 다시 결합될 수 없음. 한 번 저지른 실수는 다시 수습할 수 없음. 강태공(姜太公)과 부인 마씨(馬氏)의 고사.

父慈子孝(부자자효) : 부모 또는 윗사람의 입장에서 한없이 사랑을 베풀고, 자식 또는 아랫사람 된 입장에서 그 뜻을 잘 받들고 따름. 사람됨의 가장 기본적인 도리.

附和雷同(부화뇌동) : 일정한 주견(主見)이 없이 남의 의견이나 행동에 덩달

아 따르는 것.

拂鬚塵(불수진) : 턱수염에 붙은 티끌을 털어줌. 남의 환심을 사려고 간사한 행동을 함. 송(宋)의 강직한 재상 구준(寇準)의 고사.

不忍之心(불인지심) : 차마 하지 못하는 마음. 타인을 해치지 않으려는 소극적 정서와 타인에게 직접적인 이타(利他)를 행하고 사회 정의를 실현하려는 적극적 정서를 통칭하는 말이나 주로 전자(前者)의 의미로 사용한다.(『맹자(孟子)』)

不肖小子(불초소자) : 부모의 뜻을 이어받지 못한 못난 자식. 불초 (不肖)는 닮지 않았다는 뜻으로 어버이의 덕망을 따르지 못하는 못난 자식을 이름. 주로 부모에게 자기를 낮추어 이르는 말.

鵬程萬里(붕정만리) : 붕새의 여정(旅程)이 만 리나 됨. 앞으로 가야할 멀고도 먼 길. 전도가 양양한 장래를 비유.(『장자(莊子)』〈소요유(逍遙遊)〉)

髀肉之嘆(비육지탄) : 장수가 말을 타지 않아 넓적다리에 살이 붙은 것을 한탄함. 본의 아니게 안일한 생활을 하면서 활약할 기회를 얻지 못함을 탄식함. 유비(劉備)가 조조(曹操)에게서 탈주하여 유표(劉表)에게 의탁하여 안일한 생활을 탄식한 고사.

四面楚歌(사면초가) : 아무에게서도 도움이나 지지를 받지 못하여 매우 외롭고 곤란하게 된 형편.(『사기(史記)』〈항우본기(項羽本紀)〉)

斯文亂賊(사문난적) : 이 문화를 어지럽히고 해하려는 극악한 사람. 여기서 문화는 유학(儒學)을 가리킴.

四分五裂(사분오열) : 넷으로 나뉘고 다섯으로 쪼개짐. 천하가 몹시 어지러움. 진(秦)나라 장의(張儀)가 연형책(連衡策)으로 위(魏)나라 애공(哀王)을 설득한 고사.

似而非(사이비) : 겉으로 보기에는 비슷하나 속은 아주 다른 가짜. 맹장(孟子)

와 만장(萬章)의 대화 참조.

蛇足(사족) : 화사첨족(畵蛇添足)의 준말. 뱀을 그리다가 뱀에게 없는 다리를 덧붙임. 불필요한 군더더기. 초(楚) 소양(昭陽)과 제(齊) 진진(陳軫)의 고사.

四知(사지) : 넷이 앎. 두 사람 사이의 비밀이라 하여도 하늘이 알고 땅이 알고 자기가 알고 상대가 알고 있으므로 어느 때고 남이 알게 된다는 뜻. 후한(後漢) 양진(楊震)과 왕밀(王密)의 고사.

山海珍味(산해진미) : 산과 바다에서 나는 맛있는 것들을 고루 갖춘 진귀한 음식.

殺身成仁(살신성인) : 자신의 몸을 희생하여 인(仁)을 이룸.(『논어(論語)』〈위령공편(衛靈公篇)〉)

三綱五倫(삼강오륜) : 군유신강(君爲臣綱), 부위부강(夫爲婦綱), 부위 자강(父爲子綱)(임금은 신하의 벼리가 되고, 남편은 아내의 벼리가 되고, 아비는 자식의 벼리가 됨), 군신유의(君臣有義), 부부유별(夫婦有別), 부자유친(父子有親), 장유유서(長幼有序), 붕우유신(朋友有信)(임금과 신하는 의리가 있어야 하고, 남편과 아내는 구별이 있어야 하고, 부모와 자식은 친함이 있어야 하고, 어른과 아이는 순서가 있어야 하고, 친구 사이에는 믿음이 있어야 함).

三顧草廬(삼고초려) : 유비(劉備)가 제갈량(諸葛亮)을 세 번이나 찾아가 마침내 군사(軍師)로 맞은 고사. 초야(草野)에 묻혀 있는 인재를 자기 사람으로 만들기 위해 여러 번 찾아가 겸손한 태도와 간곡한 정성으로 예를 다하여 청함.(『삼국지(三國志)』)

三人成虎(삼인성호) : 세 사람이 짜면 호랑이도 있게 한다. 근거 없는 말이라도 여러 사람이 말하면 곧이듣게 됨. 위(魏) 혜문왕(惠文王)의 중신(重臣) 방총(龐葱)이 조(趙)나라에 인질로 가는 태자를 모시고 함께 갔다가 모함을 받아 돌아오지 못한 고사.(『전국책(戰國策)』 : 『위지(魏志)』)

喪家之狗(상가지구) : 상갓집 개. 초상집에서는 개에게 밥을 주고 돌봐줄 경황이 없으므로 개가 제대로 먹지 못해 볼품없이 파리함. 실의(失意)에 빠져 기운 없고 수척한 사람을 빈정거리는 말로 쓰임.(『공자가어(孔子家語)』)

塞翁之馬(새옹지마) : 세상 모든 것이 변전무상(變轉無常)하여 인생살이도 항시 바뀌므로 예측할 수 없음.(『회남자(淮南子)』)

西施矉目(서시빈목) : 함부로 남을 흉내 내어 세상 사람의 웃음거리가 됨. 남의 결점을 장점인 줄로 알고 본뜸을 비웃는 말. 춘추(春秋) 월(越)의 미인 서시(西施)의 고사.

先則制人(선즉제인) : 선수를 치면 남을 누를 수 있음. 항우(項羽)의 고사.

小貪大失(소탐대실) : 작은 것을 탐내다가 정작 큰 것을 잃음.

宋襄之仁(송양지인) : 쓸데없는 인정이나 필요 없는 동정. 송(宋) 양공(襄公)이 초군(楚軍)과의 싸움에서 군자의 도를 내세워 적군이 강을 건너 진용을 정비하기를 기다렸다가 싸워서 결국은 대패한 고사.

垂簾聽政(수렴청정) : 임금이 어려서 즉위하였을 때 대왕대비가 신하를 마주보지 않기 위해 발을 드리우고 대신 정사를 돌보던 일.

首鼠兩端(수서양단) : 쥐가 구멍에서 머리만 내밀고 나갈까 말까 망설임. 머뭇거리며 진퇴를 결정하지 못하고 관망하는 상태. 전한(前漢) 경제(景帝), 무제(武帝) 2대에 걸쳐 황실의 인척(姻戚)인 위기후(魏其侯) 두영(竇嬰)과 무안후(武安侯) 전분(田蚡)이 세력다툼을 함에 조신(朝臣)들이 애매한 태도를 취하며 관망한 고사.

漱石枕流(수석침류) : 돌로 양치질하고 흐르는 물을 베개로 삼음. 실수나 실패를 인정하려 들지 않고, 남에게 지기 싫어서 억지를 부림. 진(晉) 손초(孫楚)가 침석수류(枕石水流)를 잘못 말하고 끝내 고집을 부린 고사.

袖手傍觀(수수방관) : 소매 속에 손을 넣고 곁에서 가만히 지켜 봄.

酬酌(수작) : 주인과 손님이 잔을 주거니 받거니 함. 수(酬)는 손님으로부터 받은 잔을 다시 손님에게 되돌리는 것이고, 작(酌)은 손님이 주인에게 잔을 권하는 것. 남을 해치려고 꾸미는 말이나 행동이라는 의미로 전용(轉用)됨.

菽麥(숙맥) : 숙맥불변(菽麥不辨)의 준말. 콩인지 보리인지를 구별하지 못함.

尸位素餐(시위소찬) : 능력이나 공적도 없이 직책을 다하지 못하면서 자리만 차지하고 녹을 받아먹는 일, 또는 그런 사람. 시위(尸位)는 시동(尸童 : 옛날 중국에서는 조상의 제사를 지낼 때 조상의 혈통을 이어받은 어린아이를 조상의 신위(神位)에 앉혀 놓고 제사를 지냈는데 이때 신위에 앉는 아이를 시동이라 함)이 앉는 자리, 소찬(素餐)은 공짜로 먹음. 한(漢)나라 성제(成帝) 때 중신(重臣) 주운(朱雲)이 조정 대신들을 탄식한 고사.

食言(식언) : 한 번 입 밖에 낸 말을 도로 입 속에 넣는다는 뜻. 앞서 한 말이나 약속과 다르게 말함.

識字憂患(식자우환) : 아는 것이 병. 공부한답시고 지식을 쌓은 사람이 일을 더 망침. 서투른 지식 때문에 도리어 일을 망침. (소식(蘇軾) 〈석창서취묵당시(石蒼舒醉墨堂詩)〉)

阿鼻叫喚(아비규환) : 불가의 말로 아비지옥(阿鼻地獄)과 규환지옥(叫喚地獄). 아비지옥은 땅 속 가장 깊은 곳에 있는 지옥으로 오역의 죄를 저지른 자가 끊임없이 고통을 당하는 곳이고, 규환지옥은 펄펄 끓는 가마솥에 들어가거나 시뻘건 불 속에 떨어져 고통을 받는 곳.

雁書(안서) : 기러기의 편지. 먼 곳에서 소식을 전하는 편지. 한(漢)나라 때 흉노에 볼모로 잡힌 소무(蘇武)의 고사.

揠苗助長(알묘조장) : 송나라에 자신의 논에 심은 벼의 싹이 잘 자라지 않는 것을 근심하여 싹을 조금씩 위로 뽑아 모두 말라죽게 한 고사. 호연지기(浩然之氣)를 얻기 위해 지나치게 무리하는 일은 알묘조장과 같이 이익이 없을 뿐 아니라 유해함.(『맹자(孟子)』〈공손추 상(公孫丑 上)〉)

暗中摸索(암중모색) : 어둠 속에서 손으로 더듬어 찾음. 손 붙일 곳이 없는 사물을 어림짐작으로 찾아 구함. 당(唐)나라 측천무후(則天武后)때 허경종(許敬宗)의 고사.

壓卷(압권) : 여럿 가운데 가장 뛰어난 부분이나 물건. 옛날 과거 시험에서 채점을 하여 최우등으로 급제한 사람의 두루마리 답안은 따로 끄집어내어 다른 답안의 위에 올려놓았다. 따라서 압권은 가장 우수한 답안이 다른 모든 두루마리 답안을 누르는 형세를 말함.

野壇法席(야단법석) : 야외에 법단을 차려 놓고 설법을 열다. 많은 사람들이 한 곳에 모여 몹시 소란스럽게 구는 일.

羊頭狗肉(양두구육) : 양머리를 걸어 놓고 개고기를 팜. 겉은 그럴듯하고 보기 좋으나 속은 허술하고 변변치 않음. 제(齊) 영공(靈公)과 안자(晏子)의 고사.

漁父之利(어부지리) : 어부의 이득. 양쪽이 싸우거나 다투는 와중에 엉뚱한 사람이 힘들이지 않고 이익을 봄. 소대(蘇代)가 연(燕)나라를 위해서 도요새와 민물조개의 일종인 방합이 싸우는 틈을 타서 어부가 둘 다

잡았다는 비유를 들어서 조(趙) 혜문왕(惠文王)을 설득하여 연나라를 치는 일을 포기하게 한 고사.(『전국책(戰國策)』〈연책(燕策)〉)

言語道斷(언어도단) : 사리에 너무 어긋나서 말이 안됨. 원래는 선가(禪家)의 용어로 언어로는 도저히 잘라 말할 수 없는 도(道)의 경지. 언어 바깥에 있는 도(道)의 경지.

逆鱗(역린) : 용의 턱 아래에 거슬러 난 비늘. 임금의 분노를 비유. "용은 순한 동물이어서 길을 잘들이면 타고 다닐 수도 있으나, 그 턱 밑의 길이 한 자 정도 되는 비늘을 잘못 건드리면 용은 노하여 사람을 죽이게 된다. 군주에게도 역린이 있으므로 의견을 말할 때는 그것에 닿지 않도록 주의해야 한다."라고 하였다.(『한비자(韓非子)』〈세난편(說難篇)〉)

易子而教之(역자이교지) : 옛 사람들은 자식을 서로 바꾸어 가르침. 가르치는 사람은 항상 바르게 되라고 가르치는 것인데, 아버지도 사람인지라 항상 바를 수만은 없다. 부자 사이에 서로의 잘못을 책망하는 일이 있게 된다면 부자간의 정과 의리를 해치는 불행한 일이므로 자식을 바꾸어 가르침.(『맹자(孟子)』〈이루(離婁)〉)

緣木求魚(연목구어) : 나무에 올라가서 물고기를 구함. 도저히 불가능한 일을 굳이 하려함의 비유. 맹자(孟子)와 제선왕(齊宣王)의 고사.

迎刃而解(영인이해) : 능숙한 백정(白丁)의 칼날에 맞아 소가 해체되는데 칼날은 전혀 상하지 아니하였다. 핵심이 되는 부분을 해결하여 전체의 문제를 풀다.(『장자(莊子)』 양생주(養生主))

五里霧中(오리무중) : 오리나 되는 짙은 안개 속에 있음. 짙은 안개 속에 방향을 잡지 못하는 것처럼 무슨 일에 대해 갈피를 잡지 못하고 알 길이 없음. 후한 장해의 고사.

五十步百步(오십보백보) : 싸움에서 오십 보 후퇴한 군사가 백보 후퇴한 군사를 비웃을 자격이 없음. 정도의 차이는 있을지언정 본질의 차이는 없음.(『맹자(孟子)』)

吳越同舟(오월동주) : 사이가 나쁜 오나라와 월나라가 한 배에 타다. 서로 적의(敵意)를 품은 사람이 한자리나 같은 처지에 있음을 가리키는 말. 아무리 원수지간이라도 같이 어려운 처지에 놓이게 되면 서로 협력하게 된다는 뜻으로도 쓰임.(『손자(孫子)』〈구지편(九地篇)〉)

屋上架屋(옥상가옥) : 지붕 위에 또 지붕을 얹음. 헛수고를 하거나 필요 없는 일을 거듭함.

臥薪嘗膽(와신상담) : 장작더미 위에서 잠을 자고 쓸개를 핥으며 보복을 다짐함. 춘추(春秋)시대 오(吳)나라 부차(夫差)와 월(越)나라 구천(句踐)의 고사.

完璧(완벽) : 결함이 없이 완전함. 빌려온 물건을 온전히 돌려보냄. 완벽귀조(完璧歸趙). 조(趙)나라 혜문왕(惠文王)의 화씨벽(和氏璧)을 진(秦)나라 소양왕(昭襄王)이 빼앗으려고 한 고사 참조.

窈窕淑女(요조숙녀) : 동양의 이상적인 여인상.(『시경(詩經)』〈관저(關雎)〉)

愚公移山(우공이산) : 우공이 산을 옮김. 북산(北山)에 사는 우공이 사방 칠백리에 걸쳐있는 태행산(太行山)과 왕옥산(王屋山)을 생활이 불편하다 하여 자자손손(子子孫孫)에 이어 옮길 것을 계획하고 공사를 함에 천제(天帝)가 감복하여 두 산을 옮겨 주었다.(『열자(列子)』 탕문(湯問))

月下老人(월하노인) : 중매(中媒). 당(唐)나라 위고(韋固)가 여행 중 달빛아래 책을 읽고 있는 노인을 만나 노인의 예언대로 14년 후에 혼인함. (『태평광기(太平廣記)』〈정혼점(定婚店)〉)

韋編三絶(위편삼절) : 공자가 만년(晩年)에 주역(周易)에 심취하여 책을 맨

가죽 끈이 세 번이나 끊어지도록 읽음.(『사기(史記)』〈공자세가(孔子世家)〉)

有名無實(유명무실) : 이름만 그럴듯할 뿐 그에 걸맞은 실질은 없음.(『사기(史記)』〈급정전(汲鄭傳)〉)

有備無患(유비무환) : 사전에 준비가 갖추어져 있으면 뒷걱정을 하지 않아도 됨. 진(晋)의 도공(悼公)이 정(鄭)나라와 싸우는 위강(魏絳)을 위로하고자 미녀와 보물을 보내니 위강(魏絳)이 선물을 되돌린 고사.

殷鑑不遠(은감불원) : 은나라의 거울은 먼 데 있지 않음. 멸망의 선례는 멀리서 찾을 것 없고 바로 전대에 있음. 남의 실패를 자신의 거울로 삼아야 함. 은(殷)나라 서백(西伯 : 후일 문왕)이 하(夏)나라 걸왕(桀王)의 선례로 주왕(紂王)을 간하였음.(『시경(詩經)』〈대아편(大雅篇)〉)

泣斬馬謖(읍참마속) : 제갈량이 아끼던 부하 마속(馬謖)을 군령을 어긴 이유로 벰. 대의(大義)를 위해 사정(私情)을 버림.

疑心暗鬼(의심암귀) : 의심이 암귀(暗鬼 : 어둠을 지배하는 귀신, 또는 망상(妄想)에서 오는 공포)를 낳는다. 한 번 의심을 하게 되면 멀쩡한 것도 수상스럽게 보여 판단의 정확성을 흐리게 함.

耳懸鈴鼻懸鈴(이현령비현령) : 귀에 걸면 귀걸이 코에 걸면 코걸이. 어떤 사실이 이렇게도 해석되고 저렇게도 해석되어 적용됨.

一擧手一投足(일거수일투족) : 손을 한 번 드는 일과 발을 한 번 옮겨 놓는 일. 사소한 하나하나의 동작.(『당송팔가문(唐宋八家文)』)

一網打盡(일망타진) : 한 그물에 모조리 잡음.

一鳴驚人(일명경인) : 한번 울어 사람을 놀라게 함. 한번 시작하면 사람을 놀랠 만큼 대사업을 이룩함. 전국(戰國)시대 제(齊)나라 순우곤(淳于髡)의 고사.

一言以蔽之(일언이폐지) : 한 마디 말로써 능히 전체를 총괄함.(『논어(論語)』)

入鄕循俗(입향순속) : 그 고장에 가면 그 고장 풍속을 따름.

自强不息(자강불식) : 하늘의 운행이 씩씩하니 군자가 이를 본받아 스스로 힘써 쉬지 않음.(『주역(周易)』 건괘(乾卦))

自暴自棄(자포자기) : 마음에 불만이 있어 행동을 되는 대로 마구 취하고 스스로 자신을 돌아보지 아니함. 스스로 자신을 해치는 사람[자포자(自暴者)]과 더불어 말할 수가 없다. 또 스스로 자신을 버리는 사람과도 더불어 행동할 수 없다. 입만 열면 예의도덕을 헐뜯는 것을 자포(自暴)라 하고 인의를 인정하면서도 자기는 미치지 못한다고 하는 것을 자기(自棄)라 한다.(『맹자(孟子)』 〈이루 상(離婁 上)〉)

自畵自讚(자화자찬) : 자기가 그린 그림을 자기가 칭찬함. 자기가 한 일에 대하여 스스로 치켜세움.

戰戰兢兢(전전긍긍) : 전전은 겁을 먹고 벌벌 떠는 모양이고 긍긍은 몸을 삼가고 조심하는 모양. 매우 두려워하여 조심함.(『시경(詩經)』 〈소아 소민(小雅 小旻)〉 : 『논어(論語)』 〈태백편(泰伯篇)〉)

前轍(전철) : 앞서 간 수레의 바퀴자국. 앞 사람의 잘못. 전거지복(前車之覆) 후거지계(後車之戒).

精神一到(정신일도) : 정신을 집중하면 어려운 일도 해낼 수 있음.

井底之蛙(정저지와) : 우물 안의 개구리. 시야의 협소함을 경계하는 말.

朝令暮改(조령모개) : 아침에 내린 명령을 저녁에 고침. 법령이 수시로 변하여 정해지지 아니함.(『한서(漢書)』 〈식화지(食貨志)〉)

朝三暮四(조삼모사) : 눈앞에 당장 나타나는 차별만 알고 그 결과가 같음을 모르는 것의 비유. 간사한 꾀로 사람을 속여 희롱함. 춘추시대 송(宋)나라 저공(狙公)이 원숭이에게 도토리를 준 고사.

朝雲暮雨(조운모우) : 남녀의 정사(情事)를 비유적으로 말함. 초(楚)나라 회왕(懷王)이 고당(高唐)에 노닐 때의 고사. 무산지몽(巫山之夢).(전국(戰國)시대 초(楚)나라 송옥(宋玉)의 고당부(高唐賦))

中華思想(중화사상) : 중국의 시조 헌원(軒轅)이 중국의 오악(五嶽) 가운데 중악(中嶽)인 화산(華山)에서 일어났다고 하여 붙은 이름. 후에 한족(漢族)이 동이(東夷), 서융(西戎), 남만(南蠻),북적(北狄)의 중앙에 자리 잡은 문명국이라는 의미로 사용.

指鹿爲馬(지록위마) : 사슴을 가리켜 말이라고 함. 진시황본기(秦始皇本紀) 조고(趙高)의 고사. 누구나 다 아는 사실을 아니라고 우겨 남을 궁지에 몰아넣음. 윗사람을 농락하여 권세를 휘두름.(『사기(史記)』)

池魚之殃(지어지앙) : 재앙이 뜻하지 않게 아무런 죄도 없는 연못의 물고기에게 미침. 뜻밖의 횡액(橫厄). 구슬을 찾기 위해, 또는 불을 끄기 위해 연못의 물을 퍼내어 연못의 고기가 죽게 됨.

進退兩難(진퇴양난) : 오도 가도 못하고 꼼짝 못하게 된 상황. 당(唐) 왕탁극(王鐸極)이 부인을 무서워하였는데 부인 몰래 임지에 애첩(愛妾)을 데리고 있다가 황소(黃巢)의 난에 첩을 데리고 북쪽으로 도망하던 중 북쪽에서 사실을 알고 화가 나서 내려오는 부인을 만나게 된 고사. 진퇴유곡(進退維谷).

創業守成(창업수성) : 일을 이룩하기는 쉬우나 이루어진 일을 지켜나가기는 어려움. 당(唐) 태종(太宗)과 방현령(房玄齡) 위징(魏徵)의 고사.

千慮一失(천려일실) : 천 번의 생각에 한 번의 실수. 지혜로운 사람도 많은 생각 가운데에 잘못이 있을 수 있음. 한(漢)의 한신(韓信)과 조(趙)나라 이좌거(李左車)의 고사.

天網恢恢(천망회회) : 하늘의 그물은 넓고 넓어 성긴 것 같지만 빠져나가지 못함. 잘못된 짓을 저질러 놓고 잔꾀를 짜내어 벗어나려 해도 소용이 없음.

鐵面皮(철면피) : 쇠로 낯가죽을 하였다는 말로 부끄러운 줄을 모르는 뻔뻔스러운 사람. 왕광원(王光遠)의 고사.

轍鮒之急(철부지급) : 수레바퀴 자국에 괸 물에 있는 붕어의 위급함. 몹시 위급한 형세나 곤란한 처지. 장자(莊子)가 고관(高官)으로 있는 옛 친구를 찾아가 도움을 청한 고사.

青雲之志(청운지지) : 청운은 높은 벼슬을 가리키는 말이므로 입신세출(立身出世)의 대망(大望)을 청운의 뜻이라 함.(당(唐)나라 시인 왕발(王勃)의 〈등왕각서(滕王閣序)〉)

青出於藍(청출어람) : 쪽에서 뽑아낸 푸른 물감이 쪽보다 더 푸르다. 제자가 스승보다 나음.(『순자(荀子)』)

逐鹿(축록) : 정권이나 제위를 얻기 위해 벌이는 다툼. 진(秦)나라가 사슴(황제)을 잃자 천하가 이를 쫓음. 한신(韓信)의 모사(謀士) 괴통(蒯通)의 고사.

擇子莫如父(택자막여부) : 자식의 이러이러한 점을 부모만큼 잘 아는 사람은 없음.(『좌전(左傳)』)

兎死狗烹(토사구팽) : 토끼를 일단 잡고 나면 사냥개는 더 이상 쓸모가 없어져서 솥에 넣어 삶게 됨. 한신(韓信)과 유방(劉邦)의 고사. 한신이 고조(유방)에게 모반자로 몰려 체포되어 "날쌘 토끼가 죽으니 그를 쫓던 개는 삶아지고, 나는 새가 떨어지니 좋은 활이 필요 없게 되고, 적국을 멸망시키니 지혜로운 신하를 없애는구나!"라고 탄식하였다. 정치판에 이용만 당하고 쫓겨나는 사람의 원망 섞인 한탄.

破鏡(파경) : 부부가 갈라서게 됨. 진(陳) 서덕언(徐德言)은 전란에 아내인

악창공주(樂昌公主)와 이별하면서 거울을 깨뜨려 나눠 갖고 있다가 다시 만날 때의 징표로 삼았다.(『태평광기(太平廣記)』)

破竹之勢(파죽지세) : 대나무를 쪼개는 기세. 세력이 강대하여 대적(大敵)을 거침없이 물리치고 쳐들어가는 기세. 진(晉) 두예(杜預)의 고사.

敗軍之將(패군지장) : 패배한 군대의 장수. 한신(韓信)과 조(趙)의 전략가인 이좌거(李左車)의 고사.

豹變(표변) : 뚜렷이 허물을 고쳐 착해짐. 마음과 행동이 분명히 달라짐. 원래의 의미는 군자가 자기 잘못을 고치는 데에 있어 몹시 빠르고 그 결과는 표범의 무늬가 선명한 것처럼 외면에도 뚜렷이 나타남을 이름.(『역경(易經)』)

風飛雹散(풍비박산) : 우박이 바람을 타고 사방으로 날아가 산산이 깨지고 흩어짐.

風行草偃(풍행초언) : 바람이 불면 풀은 눕는다. "군자는 바람이고 소인은 풀이다. 바람이 불면 풀은 그에 따라 눕는다."라고 하였다. (『논어(論語)』)

夏爐冬扇(하로동선) : 여름의 화로와 겨울의 부채. 격이나 철에 맞지 않거나 쓸데없는 사물을 이름. 논형(論衡)에서는 여름 화로와 겨울의 부채는 무용지물인 듯하나 젖은 것을 말리거나 꺼져가는 불씨를 살리는데 소용될 수도 있다고 하였다.(후한(後漢) 왕충(王充)의 『논형(論衡)』)

合縱連衡(합종연횡) : 소진(蘇秦)의 합종설과 장의(張儀)의 연횡설. 소진과 장의는 모두 귀곡(鬼谷)선생의 제자. 전국시대(戰國時代) 진(秦), 초(楚), 연(燕), 제(齊), 조(趙), 위(魏), 한(韓) 일곱 나라가 다툼에 진에 대항하여 육국(六國)이 세로로 합치자는 정책을 소진이 연왕(燕王)에게 먼저 진언하였고, 장의는 진과 육국을 가로로 연결하여 합종

책을 붕괴시켰다.

解衣般礴(해의반박) : 옷을 걷어붙인 채 두 다리를 쭉 편다. 자유분방함. 송나라의 임금이 화공을 모집한 고사.(『장자(莊子)』)

螢雪之功(형설지공) : 손강(孫康)이 가난하여 기름 살 돈이 없어 겨울밤에 눈빛으로 책을 읽고 후에 어사대부(御史大夫)가 되었고, 차윤(車胤)이 여름밤에 반딧불이를 잡아 그 불빛으로 책을 읽어 후일 이부상서(吏部尙書)가 됨. 어려운 처지에서 공부해서 성공함.(『몽구(蒙求)』)

狐假虎威(호가호위) : 여우가 호랑이의 위세를 빌려 으스댐. 남의 권세를 빌려 위세를 부림. 초(楚) 선왕(宣王)과 강을(江乙)의 고사.

鴻鵠之志(홍곡지지) : 큰 인물의 원대한 뜻. 홍곡(鴻鵠)은 큰 기러기와 고니를 가리키며 큰 인물을 뜻함. 진(秦) 진승(陳勝)의 고사.

弘益人間(홍익인간) : 널리 인간의 세계를 이롭게 함. 단군(檀君)의 건국이념(建國理念).

畵龍點睛(화룡점정) : 양(梁)나라 장승요(張僧繇)가 금릉(金陵) 안락사(安樂寺)에 두 마리 용(龍)을 눈을 남겨두고 그렸는데 그 중 한 마리의 눈을 그려 넣자 용이 하늘로 날아 올라감. 핵심적인 사항에 손을 대어 일을 완성함.(『수형기(水衡記)』)

和而不同(화이부동) : 남과 사이좋게 지내기는 하나 무턱대고 동조하지는 않음. 『논어』에 "군자화이부동 소인동이불화(君子和而不同 小人同而不和)"라고 하였는데, 화(和)는 조화를 이루어 도리에 어긋나지 않음이고, 동(同)은 부화뇌동 즉 주견 없이 남을 무턱대고 따르는 것을 말함.(『논어(論語)』)

畵虎類狗(화호유구) : 호랑이를 그리려다 개를 그림. 서툰 솜씨로 어려운 일을 하려다가 도리어 잘못됨. 결과가 목적과 어긋남을 비유. 후한(後漢)

의 명장 마원(馬援)이 마엄(馬嚴), 마돈(馬敦) 두 조카가 협객(俠客)을 자처하며 철없는 건달들과 어울리므로 편지를 보내어 타이른 고사.

橫說竪說(횡설수설) : 조리가 없는 말을 되는 대로 지껄임. 본래는 자유자재로 하는 논설의 뜻.

漢子와 漢文

저　자 : 한자와 한문 교재 편찬위원회
발행처 : 충북대학교 출판부
발행인 : 고 창 섭
주　소 : 28644 충북 청주시 서원구 충대로 1
전　화 : (043) 261-2952, 3014
팩　스 : (043) 274-1256
이메일 : presscbu@chungbuk.ac.kr
등　록 : 제1983-2001-7호
초판3쇄: 2025.03.31
인쇄처 : 삼성디자인기획

ISBN 978-89-7295-492-7 93700

값 10,000원